战略24条法则

刘泰玲 胡华成 ◎ 著

中国商业出版社

图书在版编目（CIP）数据

战略 24 条法则 / 刘泰玲，胡华成著. -- 北京：中国商业出版社，2025.3. -- ISBN 978-7-5208-3318-9

Ⅰ．F272

中国国家版本馆 CIP 数据核字第 2025024BN4 号

责任编辑：郑　静
策划编辑：刘万庆

中国商业出版社出版发行
（www.zgsycb.com　100053　北京广安门内报国寺 1 号）
总编室：010-63180647　　编辑室：010-83118925
发行部：010-83120835/8286
新华书店经销
香河县宏润印刷有限公司印刷
*
710 毫米 ×1000 毫米　16 开　15.75 印张　210 千字
2025 年 3 月第 1 版　2025 年 3 月第 1 次印刷
定价：68.00 元
****
（如有印装质量问题可更换）

推荐序

企业跨越式发展需要战略布局

《战略24条法则》是一本将战略问题按照重要性进行排序,将战略制定和战略执行放在一个更大的整体系统里,先把整体系统理解透,在任何战略执行的局部问题上,都可能会给出基于整体的穿透性的答案。这是刘泰玲和胡华成老师合著的"整体穿透局部"的战略执行方法论。

阅读本书的读者需要注意了,作者讲述的24个战略核心点,比如在讲述企业营销的时候,除了需要关注营销的行动外,也需要关注战略贯彻到营销行动中的过程。"战略—营销"是一种相互穿插的过程。每一个执行都自带战略基因。

我们今天面临的发展环境,完整的、稳定的市场已经不复存在,一切都在颠覆的过程中,人工智能已对工业社会的规则进行颠覆;互联网舆论场的细碎化让企业营销模式被颠覆;过去几十年都是增长,突然我们遇到了新周期,增长就相对难了;全球化的企业遇到了地缘对抗、贸易战、科技战、金融战、文化心理战等等,这一切都预示着现在的企业经营需要和不确定性共舞,和混沌世界学会共存,过去大部分经验不但没有用,还成了累赘。现阶段的企业需要重新定义自己的战略和经营，不能再固守过去的教条，听话照做的时代一去不复返了。

很多企业经营者过去一提到"战略"二字，就是务虚，然后请讲述者离开，不要妨碍他们赚钱，现在，钱普遍赚不到了，回头想想，就是缺了"战略"二字，经济周期有四季更替，那些有棉衣的企业在冬天里生存下来了，但只想一直春华秋实常在的企业，因为讨厌冬天，所以就死在了冬天。

本书就是要读者和战略经营者去重新认识系统，自己梳理好战略运营，更加需要思考好人本价值和人才资本的价值，这个时代的经营需要新的见解和独特的视角，产生新的统率力量。

今天不再是循规蹈矩的时代，需要引入新的发展观念，让企业像一个聪明物种一样，能够持续进化，将优势积累下来。战略发展是从企业基因层面向内求的，这是本书的站位，也是本书与其他类似图书的不同之处。

斯坦福大学的人总是让人"跳出框外看事物"，本书也是"跳出战略看战略"。在本书中，贯穿着一种观念，每一个企业的执行者，都是有战略责任的，而这种战略责任是内敛的，即每一个人的每一件小事都是战术行为，也是战略行为。因此，本书和很多中外战略专家所提供的观念不同，这是一种"小中见大"战略执行框架。这类似"让听到炮声的人指挥炮火"和"班长的战争"，本书的立意，就是用群策行为来面对市场的混沌，以极度开放的边界来面对客户和市场需求，企业的边界原来都是隔膜，现在需要去掉边界，变成新物种和多样性发生的新通道。

如果用一句话来描述胡华成老师的战略模型，这是一个多孔的、鲜活的持续进化和实现优势遗传的战略结构。这是一个"活系统"。

在作者眼中，战略领导力不仅是企业家和创始人的领导力，也可以分解成为每一个员工的战略领导力。就战略执行力的理解，刘泰玲老师认为："我觉得新的战略领导力是形散神聚的组织状态，是一种'大珠小珠落玉盘的'扁平结构，价值观提供了边界，一旦某一个边缘倾斜产生了势能，大珠小珠就能够齐刷刷地朝一个方向运动，不约而同是战略运营的一种理想状态。"势能积累是战略经营的本质力量源泉。

本书很多内容都是合著作者刘泰玲和胡华成长期研讨的产物。从战略定位入手，在战略定位之后聚焦于"一段城墙口"猛冲并实现创新。企业组织管理从控制转为赋能，从组织管理赋能到资本赋能，将战略分为不同的阶段，步步为营，又步步进取，既有向外求的战术，也有向内求的战略，形成阶段和资源组合，实现企业从弱到强的战略发展过程。这是完整的环环相扣的企业战略发展模型。

这就是企业跨越式发展的过程，每一个战略发展阶段需要有不同的战略保障。在本书中，数字智能化变革贯穿始终。智能社会是我们这个时代最大的变数，本书有大量的内容关于智能时代的战略决策、战略执行以及商业组织形态的变革。作者会一步步带领我们去领悟智能社会战略运营的本质。

从战略到定位，这是企业明确方向、找准自身在市场中位置的关键一步。一个清晰而富有前瞻性的战略如同指南针，为企业指引前行的道路；而精准的定位则如同锚，让企业在浩瀚的市场海洋中稳稳扎根。智和岛作为 IPO 战略的创新者及践行者，作为一个终身学习型组织，不放弃跟任何一个客户进行顾问式对话的机会，在服务互动之中提升客户，也提升自己。顾问工作和投资者工作需要团队保持和企业家一样卓越的洞察力和决策力，和客户一起，通过对市场趋势的精准把握和对自身优势的深入挖掘，引领着企业在战略制定与精准定位的道路上稳步前行。

从定位到创新，是企业保持活力与竞争力的核心所在。在这个快速发展的时代，墨守成规意味着被淘汰。创新不仅仅是技术的突破、产品的更新，更是服务的提升、模式的变革以及文化的重塑。

现在存活下来的企业，也许90%都被归类于传统企业，这些企业想要生存和发展，整个组织系统需要面向智能社会的现实进行变革。同时，企业的业务系统需要实现"AI+"和"生态+"的两个新挑战，这种挑战，跨越过去就发展，跨越不过去就被淘汰。

作者认为："未来无论是什么样的战略经营者，本质上都要转变为蓝血领导者。"这是对于数字时代领导者的必然要求，作者提出应对技术复杂性与快速变化；数据驱动的决策和跨界融合与协作能力是对战略管理能力的基础要求，我深以为然。

举例来说，在企业战略系统中，资本运营就是一个独立的模块，企业发展到一定的规模，资本运作是必然的要求。战略管理者如何和金融系统、投行系统打交道，并且借助资本的力量走得更远，这是企业强大的飞跃之路，企业管理者需要通过资本来放大市场成果。上市或者不上市，企业都要有自己独特的产融战略系统。

从创新到赋能，是另外一个战略阶段。企业将创新的成果转化为推动自身及合作伙伴发展的强大动力。人才、数据、合作、科技、营销以及战略等多方面的赋能，如同为企业注入源源不断的能量，使其能够高效运营、精准决策、优势互补、提升效率、扩大品牌影响力并持续优化发展路径。智和岛集团积极践行赋能理念，为企业的发展提供了有力的支持。

从赋能到资本，企业步入了一个新的阶段。资本的力量既可以推动企业实现快速扩张，又对企业提出了更高的要求。合理的融资策略、有效的投资规划、严格的资本管理、明智的并购整合、良好的股东合作以及精心筹备的IPO，每一个环节都至关重要。智和岛集团在资本运作方面积累了丰富的经验，为企业的上市之路提供了宝贵的指引。

《战略24条法则》旨在为企业提供一套全面而系统的指南，帮助企业在充满挑战与机遇的征程中稳步前行。每一条核心战略行动及其思考与策略指引，都是经过深入研究和实践验证的智慧结晶。在本书中，胡华成老师提出"战略是取舍，战略也是分类"的观念，强调在市场细碎化的经营条件下，战略经营者需要做好业务战略，也需要做好产融战略，还需要做好品牌战略。新战略是一个多线的并行组合，因此，需要人本领导力、技术素养和适应力与变革能力，综合视角非常重要。这些精彩的观点在全书中到处可见。

胡华成老师是一位投资人，因投资是一个需要高度纪律和系统思考的工作，因此，在本书中，我们看到的是关于战略运营的24条法则，其实也就是战略纪律。企业的组织能力和战斗力通过战略纪律呈现为一个完整的系统。本书站位独特，值得大中小企业经营者深度阅读。

衡鼎量书集团创始合伙人　邱伯瑜

2024年11月30日

前 言

战略执行力是把企业愿景变为现实的核心力量

如果说企业家的战略洞察力是无可替代的，那么企业的战略执行力就是成就洞察力的价值，并把企业愿景变为现实的核心力量。

可以说，战略执行力是战略洞察力的最佳保障和承载。没有强大的战略执行力，哪怕最精妙的战略也难以落地，反而会成为纸上谈兵。因此，企业的战略执行力同样至关重要，甚至决定了企业是否能够在诸多激烈竞争的行业中脱颖而出。所以说，战略执行力的强弱比战略本身更能影响企业的成败。

作为衡鼎量书这家管理咨询和战略执行的公司创始人，从创业者的角度，笔者很欣赏硅谷的"创始人模式"，即一个企业创始人是企业开启战略发展的序章，对于商业世界的认知就存在于创始人的头脑里，这种"企业的基因"需要通过企业组织团队的构建呈现出来，变成一种战略共识。创始人参与战略的制定，也时刻保持组织的扁平，和一线关键岗位紧密连接，保持企业从大脑到神经末梢的灵敏性，从而实现企业整体行动的敏捷高效。创始人需要完成企业的哲学三问：我们是谁？我们从哪里来？我们到哪里去？这个问题很严肃，燕雀还是鸿鹄，在心智之中就分野了。

笔者接触的绝大多数企业，无法理解"战略"的内涵和目的。很显然，没有战略的公司，也就没有什么预期价值和飞跃性的发展。因此，对于"什么是企业"这样的基本概念都没有弄清楚，将企业定位成自我发财的组织是有问题的，是有局限性的。企业是通过创造客户价值得以生存和发展的一种经济组织形式，这里有两个定位，其一是对于他人有价值，形成生存基础；其二是通过创新获得竞争优势，促进组织发展，并成为市场的引领者。

对于小微企业，似乎没有必要区分"生存"和"发展"概念，但对于企业家（熊彼特定义的企业家）而言，学会了区分二者的关系，才能够走上战略发展之路。战略发展是一条艰难的垂直攀登之路。这是两种不同的发展路径，发展规模更大一点，和发展质量更高一点，在企业运营过程中有很大的不同。

人们普遍认为，只有大企业才需要战略，因为中小微企业通常面临生存压力，难以兼顾战略。然而，情况正好相反，由于它们往往处在不稳定的经营环境中，面临的市场风险和竞争压力更加直接且激烈。相较于资源丰富的大企业，中小微企业的资源、资金和人力较为有限，因此必须高度聚焦、精准配置每一项资源。正因如此，中小微企业更需要清晰的战略指引，以便在有限的资源条件下集中力量，避免盲目扩张或资源分散。

与大企业的长期战略不同，中小微企业的战略规划通常更具灵活性，时间跨度更短，通常以年度为单位，以便紧跟市场变化，迅速调整目标和策略。

制定适合的战略，并通过战略解码将其分解为具体的行动方案，并确保高效落地执行，对于中小微企业在竞争激烈的市场中立足、生存乃至实现突破具有重要意义。

笔者创作本书，恰恰在于当下正处于"百年未有之大变局"，全球竞争不仅影响大企业的竞争模式，对于小企业也是一样的残酷。微小的利基市场假设已经被消灭了，留给小企业一个利基市场稳定赚钱的周期，大体上只有几个月，随后，模仿者就会蜂拥而至。因此，本书想要表述的内容，即使小微企业，为了生存下去，也需要引入战略方法，开展战略驱动的行动和经营，应该说，彻底改变经营范式的时间点已经到来了。

面对未来，首要因素就是引入企业家精神。企业到底需不需要杰出的领导者？其实是需要的。至少在企业从0到1这个阶段，企业家是不可替代的。组织的文化价值观也是在从0到1的过程之中形成的，队伍不大的时候，相互联结的价值观让团队之中的每一个人都能够成为"种子"。这为战略目标的实现打下了组织基础。

企业家的战略洞察力是无可替代的。任何组织的巨大发展都需要引入企业家精神，敢于在大趋势上下重注，并且以恒力来坚持突破。以战略洞察力来引领战略执行力，这是需要战略领导者即便走出很远，也要回到现实去进行系统构建。

战略洞察力的价值，唯有依托强大的战略执行力才能得以真正彰显。正是凭借这种卓越的执行力，我国在载人航天和空间站建设中迅速崛起，在全球航天领域的激烈竞争中独占鳌头。这就是战略执行力的核心力量。

企业家的洞察力不仅关乎短期利润的获取，更关乎企业在复杂的商业环境中如何寻找和把握长期的机会。在本书的开头，我们就需要探讨这样的问题。企业家的战略洞察力意味着他们能够预见市场趋势、识别潜在的风险和机遇，并迅速采取相应的行动，通过精准的战略布局，使公司在激烈的市场竞争中脱颖而出。企业家如果没有战略上的敏锐嗅觉，企业很容易错失发展机会或陷入困境。

战略洞察力并不是凭空而来的，它是企业家对行业和市场的深度理解、长期观察以及对行业内部复杂动态的把握。企业家能够透过表象看到本质，准确判断行业的变革方向，并制定出相应的应对策略。

那么像衡鼎量书这样的咨询管理企业，存在的价值在哪里呢？作为第三方顾问，我们能够站立在企业的中间，给企业战略执行提供一个新的组织基础，也就是帮助企业重建决策流程和战略执行流程。

这是一个转换的过程，是一条挑战自我的道路，挑战自己之前，首先要看到自己。其实，企业家需要理解个人的局限性，我们看到的一些企业家传记将企业家描绘成为一个神人，这些表述都是不准确的。在企业走到战略发展阶段的时候，不能再强调个人风格，个人风格要转化为企业文化和企业的斗志，变成企业愿景和价值观，并能根据这些理念制定出最符合企业长期发展的战略目标。"没有反对意见不决策"需要成为企业战略决策的组织原则，看似流程限制了企业家的自由，但自我纠偏的机制，确实是战略型企业的基础设施。

战略突破的本质是认知先行穿透事物，我会问企业家："您觉得您战略洞察力的独特性表现在哪里？"投资者希望自己找到的投资对象是一个开创者，而不是一个跟风者，即使是跟风者，也希望那只是企业发展的初级战略带来的阶段性妥协。企业家最终需要靠自己独特的洞察力找到企业独特的战略定位，并且成为第一。战略发展进程，最终的指向都在这里。一些跨国公司企业家的战略洞察力不仅影响了他们所创办的公司，更对整个行业产生了深远的影响。这些企业家普遍能够感知并相信未来会变得非常不同。

笔者作为一名战略执行顾问，在本书前言中的表述，可以作为本书的前传，也就是一个企业在开展战略运营之前的一个状态。在内文中，较少谈到企业家因素。作为投资者，会思考一个企业在战略赛道的定向能力，这里要看到企业家的战略洞察力、执行能力和韧性迂回的能力。一个敏锐的组织，对于未来即将发生的大事件要具备高度的敏感性。这就是企业家带出来的队伍，做对事情是一种本事，企业能够跨越周期，是另一个更高层次的本事。

凭借对行业趋势、市场竞争、企业管理和资本运作的深刻理解，结合不同企业的实际状况，衡鼎量书集团可以帮助企业在战略解码、战略执行、组织建设和资源整合等方面助力企业持续快速增长。我们要做的事情，就是企业在战略中要做的事情。在前言中，我将这些内容罗列出来，读者在阅读内文的时候，可以作为一个战略执行的路线图。

1. 战略咨询：战略解码与实施路径

● 在明确方向与目标后，通过战略解码将宏观的战略目标层层解码，使企业各层级团队对未来方向和任务、时间节点清晰明确，确保战略落地。

2. 战略落地执行：确保每一步都扎实落地

● 通过建立规范的管理流程和监控机制，及合理的薪酬激励体系，帮助企业落地贯彻执行战略行动措施，并及时提出改进建议，持续优化战略执行。

3. 管理赋能：提升组织能力和管理效率

● 管理流程优化：通过深入分析企业管理流程中的痛点和薄弱环节，提供行之有效的流程优化建议，从而提升企业的管理效率和执行速度。

● 人才梯队建设：从高管到基层员工，帮助企业系统设计人才发展路径，支持关键人才的能力提升，确保企业有稳定且具有成长潜力的人才队伍。

● 组织文化建设：通过管理文化塑造和行为准则的落地，帮助企业在执行过程中形成良好的组织氛围，提升整体凝聚力和执行力。

4. 投融服务：增强企业资本实力

● 资本规划与融资支持：针对不同的企业，制订科学的融资策略和专业的资本运作方案，支持企业获得所需资金，并确保资本运作的安全性和可持续性，为战略落地提供稳定的资金保障。

5. 资源赋能：打通外部资源，为企业注入新动能

● 资源整合：根据企业需求，整合外部资源，包括供应链合作、市场渠道、行业专家、技术专家甚至合作伙伴等，来支持企业实现快速持续发展。

以上每个环节都是战略落地执行与战略目标达成不可或缺的一环。我们精心提炼了 20 余年来在欧美企业实战经营管理的精髓以及为民营企业提供咨询服务的宝贵经验，凝结成《战略 24 条法则》。此书旨在为企业提供一套既全面又系统的战略指导手册，驱动企业持续稳健地发展，并将企业宏伟愿景转化为触手可及的现实。

上述观点是基于个人实践与思考而形成的，仍需在企业实战中不断检验与优化。然而，若我的这些思考能为企业或业界同人带来一丝启迪，便是我最大的满足与心愿。

刘泰玲

2024 年 11 月 25 日

目　录

第一篇　从战略到定位

第一章　明确方向，找准起点 /2

1. 核心战略行动：确定企业长远目标 /2
2. 产业赛道思考及策略指引 /7
   ● 分析行业趋势，把握未来方向 /7
   ● 结合自身优势，明确核心业务 /11
   ● 制定阶段性目标，稳步推进 /13

第二章　市场洞察，精准卡位 /15

1. 核心战略行动：深入了解市场需求 /15
2. 市场洞察思考及策略指引 /19
   ● 进行市场调研，掌握客户需求 /19
   ● 分析竞争对手，找出市场超越点 /21
   ● 定位目标市场，精准切入 /23

第三章　目标锁定，差异竞争 /27

1. 核心战略行动：明确独特竞争优势 /27
2. 差异型竞争力思考及策略指引 /30
   ● 挖掘企业特色，打造差异化产品或服务 /30
   ● 强化品牌形象，提升品牌辨识度 /32
   ● 放大独特性，保持竞争优势 /34

第四章　核心价值，独特魅力 /36

1. 核心战略行动：塑造企业核心价值 /36

1

2. 企业价值观影响力思考及策略指引 / 39
   ● 确定企业价值观，引领企业发展 / 39
   ● 传递核心价值观，赢得客户认同 / 40
   ● 以核心价值观为导向，制定决策 / 42

第五章　品牌塑造，形象提升 / 44
   1. 核心战略行动：打造强大品牌社区 / 44
   2. 品牌资产思考及策略指引 / 47
   ● 设计独特品牌识别系统，提升品牌资产价值 / 47
   ● 开展品牌推广活动，提高品牌知名度 / 49
   ● 维护品牌声誉，增强品牌忠诚度 / 51

第六章　客户聚焦，需求满足 / 54
   1. 核心战略行动：以客户为中心 / 54
   2. 客户需求思考及策略指引 / 57
   ● 建立客户反馈机制，及时了解客户需求 / 57
   ● 提供个性化服务，满足客户特殊需求 / 59
   ● 培养客户忠诚度，实现长期合作 / 61

第二篇　从定位到创新

第七章　技术创新，引领潮流 / 64
   1. 核心战略行动：技术创新的战略管理 / 64
   2. 研发创新思考及策略指引 / 67
   ● 组建专业技术团队，提升技术实力 / 67
   ● 关注前沿技术，进行跟踪超越 / 69
   ● 引入创新机制，保护知识产权 / 71

第八章　产品创新，满足期待 / 75
   1. 核心战略行动：不断推出新产品 / 75

2. 新产品思考及策略指引 / 78
　　● 了解客户需求变化，及时调整产品策略 / 78
　　● 鼓励内部创新，激发员工创造力 / 80
　　● 与合作伙伴共同创新，拓展产品领域 / 82

第九章　服务创新，超越期望 / 85

　　1. 核心战略行动：提升服务质量 / 85
　　2. 服务创新思考及策略指引 / 88
　　● 建立完善的服务体系，确保服务标准化 / 88
　　● 提供增值服务，增加客户满意度 / 91
　　● 持续提供战略服务，适应客户需求变化 / 92

第十章　模式创新，突破传统 / 94

　　1. 核心战略行动：探索新的商业模式 / 94
　　2. 商业模式思考及策略指引 / 98
　　● 分析行业痛点，寻找创新机会 / 98
　　● 借鉴成功案例，进行模式创新 / 100
　　● 进行试点验证，逐步推广新模式 / 102

第十一章　执行创新，高效运营 / 105

　　1. 核心战略行动：优化企业管理执行模式 / 105
　　2. 管理模式思考及策略指引 / 113
　　● 引入先进管理理念，提升管理水平 / 113
　　● 建立激励机制，激发员工积极性 / 115
　　● 加强团队建设，提高团队协作能力 / 117

第十二章　文化创新，激发活力 / 119

　　1. 核心战略行动：培育企业创新文化 / 119
　　2. 企业文化思考及策略指引 / 121
　　● 倡导创新精神，鼓励员工勇于尝试 / 121
　　● 营造宽松的创新氛围，容忍失败 / 123

●举办创新活动，激发员工创新热情 / 124

第三篇　从创新到赋能

第十三章　人才赋能，智慧驱动 / 128

1. 核心战略行动：吸引和培养优秀人才 / 128
2. 人才资本思考及策略指引 / 131
●制定有吸引力的人才策略，吸引高端人才 / 131
●建立完善的培训体系，提升员工能力 / 133
●提供良好的职业发展空间，留住人才 / 134

第十四章　数据赋能，精准决策 / 136

1. 核心战略行动：充分利用数据资源 / 136
2. 数字智能化思考及策略指引 / 139
●建立数据收集和分析平台，挖掘数据价值 / 139
●基于数据分析，制定科学决策 / 140
●保护数据安全，确保数据合法使用 / 141

第十五章　合作赋能，优势互补 / 144

1. 核心战略行动：拓展合作伙伴关系 / 144
2. 生态伙伴思考及策略指引 / 146
●寻找战略合作伙伴，实现资源共享 / 146
●建立合作机制，明确合作方式和利益分配 / 148
●加强合作沟通，确保合作顺利进行 / 150

第十六章　科技赋能，效率提升 / 152

1. 核心战略行动：运用科技手段提升效率 / 152
2. 战略技术工程思考及策略指引 / 155
●引入先进的科技设备，提高生产效率 / 155
●利用数字化技术，优化管理流程 / 156

●探索人工智能等新技术,提升企业竞争力 / 158

第十七章 营销赋能,品牌传播 / 160

1. 核心战略行动:创新营销策略 / 160
2. 战略执行与营销思考及策略指引 / 163
●制订个性化的营销方案,满足不同客户需求 / 163
●利用新媒体平台,扩大品牌影响力 / 165
●开展互动营销活动,增强客户参与度 / 166

第十八章 战略赋能,持续发展 / 169

1. 核心战略行动:不断优化企业战略 / 169
2. 第二曲线思考及策略指引 / 172
●定期评估战略实施效果,及时调整战略 / 172
●关注市场变化,提前布局未来战略 / 173
●加强战略沟通,确保战略得到有效执行 / 175

第四篇 从赋能到资本

第十九章 融资策略,多元渠道 / 178

1. 核心战略行动:制订合理的融资计划 / 178
2. 战略资本思考及策略指引 / 181
●分析企业资金需求,确定融资规模 / 181
●选择合适的融资方式,降低融资成本 / 183
●建立良好的融资渠道,确保资金及时到位 / 185

第二十章 投资规划,价值增长 / 187

1. 核心战略行动:进行有效的投资决策 / 187
2. 战略投资决策思考及策略指引 / 189
●明确投资目标,制定投资策略 / 189
●进行充分的投资调研,降低投资风险 / 190

●加强投资管理，实现投资价值最大化 / 192

第二十一章 资本管理，风险控制 / 194

1. 核心战略行动：加强资本管理 / 194

2. 资本运作风险思考及策略指引 / 197

●建立健全资本管理制度，规范资本运作 / 197

●合理控制资本结构，降低财务风险 / 199

●加强资金预算管理，提高资金使用效率 / 200

第二十二章 并购整合，快速扩张 / 203

1. 核心战略行动：通过并购实现快速发展 / 203

2. 战略并购思考及策略指引 / 206

●确定并购目标，制定并购策略 / 206

●进行全面的并购尽职调查，确保并购安全 / 208

●做好并购后的整合工作，实现协同效应 / 210

第二十三章 股东合作，共赢发展 / 213

1. 核心战略行动：维护良好的股东关系 / 213

2. 股东本质思考及策略指引 / 216

●加强与股东的沟通与交流，及时反馈企业信息 / 216

●尊重股东权益，保障股东利益 / 217

●寻求股东支持，共同推动企业发展 / 219

第二十四章 IPO 筹备，完美冲刺 / 221

1. 核心战略行动：做好 IPO 准备工作 / 221

2. 上市和战略发展思考及策略指引 / 224

●选择合适的上市时机和地点 / 224

●聘请专业的中介机构，确保上市顺利进行 / 227

●加强企业内部管理，提升企业形象 / 228

后 记 / 231

第一篇 从战略到定位

第一章 明确方向，找准起点

1.核心战略行动：确定企业长远目标

企业经营者的头脑永远都应处于并行状态，活下去和未来五到十年持续活下去，依靠什么样的企业资源可以实现？经营就是在一边赚钱一边自问之中，寻找答案，经营者忌讳的事情，就是现在活得很好，未来怎么样，不知道，既然现在很好未来也一样会很好。企业一旦停止思考，哪怕自满一点，其实，企业的管理层就已经衰败了。

管理学者彼得·德鲁克说，企业今天的成果缘于昨天的行动，而明天的成果取决于今天的行动。因此，我们在说战略的时候，我们到底在说什么？战略的本质不在于制定一个宏大的目标，比如我要赚100个亿，这是野心，不是战略目标。战略是一个从未来回溯现在的因果型游戏，战略的本质不是我要什么，而是顺势而为，时代需要和客户需求才是战略团队可以腾挪的空间。一个好战略其实就是干这个时代里该干的事情，下一个时代有下一个时代的事情，企业需要干好现实的事情，然后努力将资源腾挪，加上不断的能力积累，在下一个时代继续活下去。

佛家有一句话：智者畏因，愚者畏果。简单地解释，就是在出发之前，智者就为自己的行为限定了边界，在能力圈里做深度理解产业逻辑的事情，因为擅长形成了因，导出了好的结果，将长处发展到极致才能够生存下去；愚者作为盲动主义者，用自己有限的资源去做无边界的商业游戏，靠撞击反射来获取经验，未来是赌出来的。很多企业觉得后一种模式也算可行，但其实这是"幸存者偏差"。笔者作为投资者，知道创投企业的成功率大约只有3%，大部分失败者都倾向于不发声，商业历史一直在掩盖失败者的哭泣。因此，在市场中，很多成功者的发展路径不足为凭。

对于什么是企业长远目标，高瓴集团创始人张磊就说："流水不争先，争的是滔滔不绝。"不要只关注短期的事，要关注那些生生不息的商业事物。那么，围绕着企业的长久发展和长远目标，企业持有的分析框架是什么？

我们首先要分析清楚，长远发展和长远目标的关系，虽然只是一个词语的差异，但背后的思考框架是完全不同的。

长远发展的内涵，就是企业需要在挖掘和保持旧市场竞争优势的情况下，同时还能够去探索新市场的能力，能够活得很好的公司，都在保持自己核心业务的基础上，同时，又不断地做战略投入，在自己的企业内部建立了具备适应性的业务体系。有长远战略的管理者，做事战战兢兢，他们也许根本就不知道未来世界是什么样子的，但是通过和客户的长久互动，创造了一个更好的东西。他们知道长期发展的根本动力就是建立一个学习型组织，逐步看清趋势，看清潜在的机会。

战略追求的目标就是做正确的事，并且一次性将事情做正确。长远目标其实追求的是企业在一个巨型赛道里获得领先地位，企业是社会经济的连接器，企业家和管理团队通过建立一家世界级的企业来证明自己，长远目标的实现，其实就是企业集体心智的体现，做大事是一个企业人格，不仅仅是一个企业目标。比如任正非在20世纪90年代初就说，华为将来要在世界通信设备市场三分天下有其一，追求的就是在产业中占据领军者地位，这是产业地位之争。只有企业的长远发展战略，才能够支撑起企业的长远战略目标。

上文我们提及，好战略都是一种微妙的平衡。企业在追求长远发展过程中，必须同时具备维持现有市场优势和开拓新市场的能力，而这一切的基础则是构建一个能够不断学习、适应变化的组织。这种思路不仅反映了企业管理者在面对不确定未来时的谨慎态度，还揭示了企业长期成功的关键动力来源于与客户的深度互动以及对未来趋势的敏锐洞察。

那么，企业制定长远战略目标的分析框架是什么呢？第一个基点就是基于核心业务与新市场的双轮驱动模式。

任何企业在发展过程中，都需要平衡旧市场和新市场的关系。核心业务是企业的立足之本，是企业赖以生存的基础。这个部分不仅涉及企业的竞争优势，还关系到市场的稳定性和企业收入的持续性。保持在现有市场中的竞争优势意味着企业必须具备深厚的行业经验、卓越的产品或服务以及稳固的客户关系，这些是短期盈利和持续增长的重要保障。

一个产品周期只有几年时间，比较残酷的竞争市场，比如手机市场，产品周期的更替小于一年。面对这样的竞争态势，如果一个企业想要活上20年，就需要有几十次的产品迭代，因此，变革管理其实是一种常态。变革管理能力也是企业长远发展的基础能力。在现代商业环境中，市场变化速度加快，新兴技术和创新不断涌现，消费者需求也在快速演变。仅仅依赖现有市场，企业可能面临市场饱和、竞争加剧甚至是技术淘汰的风险。因此，企业必须具备不断探索新市场的能力，才能避免被动局面。

在这个过程中，双轮驱动的战略显得尤为重要。企业既要专注于核心业务的稳定发展，同时也要不断进行战略性投入，探索新兴市场和新业务。这种战略投入通常需要企业具有一定的前瞻性，通过敏锐的市场洞察力捕捉行业趋势，预见未来的潜在机会。一个成功的企业往往是在维持旧市场竞争优势的同时，借助创新和技术积累，在新市场上寻求突破，从而确保企业的可持续发展。

第二个基点，这是对于战略管理团队的要求，来自对于变化的深刻认知，这是团队深入灵魂的东西，只有这样才能够面对不确定性。

在很多大企业中，长远战略的管理者往往表现出一种战战兢兢的态度。微软CEO萨提亚·纳德拉（Satya Nadella）就是这种姿态在管理企业，这种态度并不是对未来过于悲观，而是源自对市场变化的深刻认知。他们明白，企业的发展路径并非一成不变，未来的世界充满了未知。管理者必须时刻保持清醒，警觉可能存在的市场变化和潜在危机。

这也意味着，企业的管理层虽然不一定能准确预测未来的所有变化，但他们通过对市场的深刻洞察、与客户的长期互动以及对外部环境的持续观察，能够逐步勾勒出未来的发展方向。在这个过程中，管理者并不是一味追求短期的收益，而是通过慎重决策和战略性投资，逐步推动企业进入一个更加适应未来挑战的轨道。

在这个过程中，企业的学习能力变得尤为关键。管理者通过客户反馈、行业趋势和外部技术的引进，不断调整企业的战略方向。这不仅仅是对市场需求的被动回应，更是通过创新和改进，创造出比客户预期更优质的产品和服务。这种与客户的深度互动帮助企业更好地理解市场，甚至能够引导客户需求的变化。

第三个基点，企业长期发展的驱动力在于知识更新的能力，也就是需要主动构建学习型组织，从长久发展的角度来看，不学习的员工需要快速淘汰掉，实现组织知识的不断优化。

任正非曾在华为内部多次提到，企业的核心能力不仅是技术和市场，还有其强大的学习能力。企业在快速变化的市场中，唯有通过不断学习和适应，才能抓住机遇，避开风险。华为之所以能够在全球电信设备行业取得成功，正是因为它在面对技术封锁和供应链中断等重大挑战时，迅速提升了自身的研发能力，关键时刻，企业的知识能力能够顶得上，积极寻找替代方案，最终实现了突破。

战略规划不需要太长远，计划容易跟不上变化，但企业可以凭借更高效的学习能力进行快速的知识组合，实现价值的输出。学习型组织是指企业具备自我反思、快速适应和持续创新的能力，不断通过吸收新知识、技术和理念来保持自身的灵活性和竞争力。最终，学习型组织能够帮助企业在变化的环境中保持持续的创新力和竞争优势，从而实现长期发展。

第四个基点，实现长远目标，实现长久的战略发展，需要一定的冒险精神，战略管理团队需要抓住机会敢于做突破性的决策。

企业进行前瞻性的投资需要足够的勇敢，真金白银投入的研发，其实需要一种技术信仰。这些都不是管理工具层能够带来的思维方式，企业敢于这么做，是因为企业的价值观支持这么做。这种战略性投入可能在短期内看不到回报，但长期来看，它能够为企业开辟新的增长点。举例来说，华为的方舟实验室，其实就是战略性投资的产物。问题是，我们其他的企业需要理解这样的事情为什么能够在华为发生。

第五个基点，战略管理者必须要像防家贼一样防自己，有机会犯下战略错误，断送企业长久发展前途的人就是自己，一旦领导者懈怠自满，做事的过程就会找自己舒服的事情，待在舒适区里，少了灵魂蜕变的痛苦，在这种情况下，企业不会面对难题，不会朝着最优路径和攀登者路径去发展，而是朝着阻力最小的方向去设定商业运营模式。

战略领导者须有一项独特的能力，那就是在纷繁复杂的现实里，去寻找未来投射过来的微光，一项重要任务是趋势识别与机会把握。趋势识别是企业对未来市场变化的预测和判断，而机会把握则是企业能否将这些趋势转化为实际行动并获得竞争优势的关键。

寻找是痛苦的过程，管理学者彼得·圣吉说："人类最伟大的发明是创造的过程，是提出新现实的过程。领悟这个创造过程在所有领域都是达到真正精通的根本。这需要具有直觉，需要接受高度的模糊性、不确定性以及勇于失败的精神。我们要敞开心灵，接受过去不敢想象的事物并且要尝试不可能的事情。"

趋势识别，能够比竞争对手更早看到未来的产业发展方向，更早采取行动，这就占据了市场的先机。最先进入的企业，只要经营对路，很可能会成为品类品牌，这种综合优势是模仿者难以企及的市场地位。

然而，趋势识别并不是一蹴而就的，企业需要长期积累行业经验，并保持对外部环境的持续关注。与客户的长期互动是帮助企业更好理解趋势的关键之一。通过与客户建立稳定的合作关系，企业能够从中获取宝贵的信息和反馈，这不仅有助于其优化现有产品，还能帮助其发掘潜在的市场需求。

因此，企业的长远发展不仅仅依赖于现有市场的竞争优势，更在于其不断探索新市场、建立学习型组织、识别趋势并把握机会的能力。具备长远战略的管理者，虽然对未来充满不确定性，但他们通过不断学习、调整战略、与客户保持深度互动，逐步看清行业的发展方向。他们知道，唯有不断提升企业的学习和适应能力，才能在未来的激烈竞争中立于不败之地。

2. 产业赛道思考及策略指引

● 分析行业趋势，把握未来方向

现在的战略管理者所面临的难题，就是在真实的信息变得非常稀缺，而很多的垃圾信息掩盖了少数真实信息，并且，很多网络信息都是人工智能生成，因此，判断信息质量就成为企业的痛点，数据不仅要有数量，更要有质量。因此，企业在分析信息的时候，首要因素就是要保持信息数据的真实。

对于进行战略制定的管理者，需要有一种新的信息观。这个信息观,历史学者尤瓦尔·赫拉利已经做了精练的总结:"信息的作用,不是要呈现已有的事实,而是通过把不同事物联系在一起,创造出全新的现实。"

对于笔者来说,在和客户进行未来产业方向的洞察过程中,我会和客户进行探讨一个区分:"现实"是什么?"新现实"是什么?笔者问出这样的问题,其实是有目的的,那是因为这些战略管理者每天遇到的信息包袱很大,低质量的信息和高质量的信息混杂在一起,管理者需要自觉做一个区分,一个包袱放成熟业务的信息,一个包袱放所有关于"未来趋势和新现实"的信息。

举例来说,笔者有一个上市企业客户,其 CEO 对笔者说:"作为 CEO,每天需要签字认可的项目文书有 50 份左右,有些文件我看得很仔细,说句实话,有些文件我看得不仔细。面对拿来文件的人,我也提不出特别好的问题,我知道在其中肯定错过了一些东西。我也知道,这每一份签字,后面都是有自己的结果和后果的。作为企业的管理者,整天都被这些事务缠身。真的需要将自己放在一个更利于思考的位置,看得清楚企业未来的发展方向。"

在交流之后,这位 CEO 接受了我们团队提供的洞察思考模型,即所有的文件在进行签字之前,都需要在关键词里,标定这是"现实"还是"新现实"的问题。这就相当于给信件插上了鸡毛,管理者拿到文本之后,会区分权重,对于一些"趋势+潜在机会"和"难题+解题思路",会投入更多的精力,去研究这些问题,有时间就会反刍思考这些问题。想不清楚的事情,就会请当事的同事来到办公室将事情弄清楚。

回到主题,未来的产业方向,一开始呈现出来的都是小事,而不是大事。从小中发现大,多少有点哲学思辨的味道。这是第一个战略洞察基点。

对于外来产业方向的洞察,其实企业也不一定能够看得有多远,如果一个新的方向上,代价比较小,不妨派出一支奇兵,去参与一下,不做局外人，这是一种试探性的经营实验。

　　企业战略管理者的思考很重要，但行动更加重要。在洞察产业趋势的过程中，行动导向是成功的关键。战略管理者不仅要"读万卷书"，通过数据分析、市场调研和战略对话形成洞察，更要"行万里路"，通过实际行动验证和调整战略决策。仅仅依靠理论和外部信息并不足以使企业在竞争中取胜，真正的竞争优势往往来自实践中的不断试错与优化。

　　战略管理者必须将战略决策与企业的日常运营紧密结合。通过对市场的观察和对话，企业可以制定出前瞻性的战略，但这只是成功的一半。将战略转化为实际行动，确保企业的各个层级都能够执行这一战略，才是洞察成功的真正体现。管理者必须深度参与到企业的运营和执行中，通过实际的市场反馈和数据调整战略，不断优化业务流程。

　　行动导向也要求企业家具有敏锐的市场反应能力。在高速变化的商业环境中，企业必须能够快速响应市场的变化，将洞察转化为实际的竞争优势。

　　对于第二个战略洞察基点，那就是要开展无边界的战略对话。在一些中国最优秀的企业当中，我们随时可以看到这种战略对话和互动模式。海尔、华为就是其中的代表企业。

　　战略对话是企业战略制定与实施的重要环节，其核心在于通过持续的互动，形成对产业趋势、市场变化以及未来机会的前瞻性洞察。洞察产业趋势不仅仅是对数据的分析和对未来的预测，更是与企业内外利益相关者进行动态对话的过程。这种对话不局限于高层决策者之间，而是涵盖了客户、员工、合作伙伴等广泛的对象。

　　客户的需求与市场的变化往往是趋势的风向标。一线员工的心智思考与实际工作中遇到的挑战和机遇，也为企业提供了最前沿的市场信息。因此，企业家要想深刻洞察产业趋势，必须重视客户的反馈和一线员工的意见。这种对话必须是持续的、广泛的，而不仅仅局限于企业内部的少数

"高人"。

同时，洞察行为的本质还在于行动与反思的结合。企业管理者不仅要在会议室中讨论战略，还要亲自走到市场和生产一线，通过真实的互动获得第一手的反馈和洞察。"行万里路，读万卷书"的理念正是对这一行动导向的完美诠释。企业家不能做局外人，而是要深度参与业务的每个环节，与市场中的各个角色进行对话与互动。

战略洞察的第三个基点，就是坚持全球化视角下的产业洞察。

在全球化的背景下，企业必须超越本地市场的局限，关注全球范围内的产业动向。笔者在常州，但不能局限在常州，也不能局限在长三角，深圳、硅谷、上海、特拉维夫等城市，无一例外都是全球科技创新和产业变革的代表城市。这些地区的产业动态、技术创新以及市场变化，直接或间接影响着全球产业趋势的演进。因此，企业战略管理者必须拥有全球化的视角，既要了解本土市场的需求，也要洞察全球其他经济体的变化。

"墙内开花墙外香"是未来产业发展的一种新常态，全球化的洞察要求企业战略管理者具备跨文化的沟通能力。在不同国家和地区，消费者的行为模式、文化背景以及市场需求都各不相同。以中国和美国为例，虽然两国的科技产业发展都很先进，但在市场需求、用户偏好以及政策环境上有着显著差异。企业家必须通过战略对话，深入了解这些差异，并在全球化的背景下找到适合企业自身发展的战略路径。

硅谷的科技创新往往依赖于亚洲的制造能力，而欧洲的政策导向又可能影响全球的环境法规和市场准入。因此，战略管理者需要密切关注全球产业链中的每一个环节，掌握其动态变化。在不同的差异化之间找到机会，和本地化客户紧密联结在一起，就会有更多的产业机会产生。

全球化视角意味着对全球产业链的深刻理解。随着供应链的全球化，企业的生产和服务已经不再局限于某一个国家或地区。原材料、技术、人才等资源的流动性，使得产业趋势的洞察不仅要关注终端市场的变化，还要对全球供应链中的关键环节有清晰的认识。在变化中，认识未来市场的变化也是必要的观察视角。

产业方向和产业趋势洞察可以作为企业战略运作的第一课，通过一系列的行动，用行动和反思深化认知来辨识未来产业发展方向。聚焦于"洞察产业趋势"和"持续战略对话"，用全球化视角、行动导向，以及与业务相关利益方深度沟通来达到认知领先的目标。

● 结合自身优势，明确核心业务

在进行企业自身优势的直观管理工具中，系统雷达图是一个很好的价值分析系统。简单的系统雷达图可能就表达五个重要的企业指标，但复杂的系统雷达图可以表达几十个重要的企业指标。因此，在进行企业价值分析框架中，每一个单项指标都有针对性的标杆，战略竞争对手和单项能力竞争者都能够在一幅图片上用视觉展示出来，这就是数字智能化和管理可视化的一种基础工具。

战略管理者需要使用最新的管理工具，能够帮助企业做更多的实时数据流，让管理者对于企业的运营系统在脑海里有一个孪生镜像体，在这个镜像体的基础上能够对于自身能力的现实边界有清晰的认识。

发现自身优势似乎是一个很简单的事情，但实际上，很多战略管理者对于企业到底有多少资源并没有进行过系统的认识，尤其对于人才资源和人才的潜力领域，这是很多战略管理者应该重点关注的领域。

在进行企业管理的过程中，我们从财务数据，到系统数据，再总结为知识，在知识基础上实现洞察，再去做决策，这是一个完整的过程，人工智能对于数据的即时清晰和结构化，对于战略管理者运营企业，有莫大的帮助，提升了管理者的能力。更重要的方面，这些技术会帮助我们企业去识别客户，连接客户，理解客户需求，然后去经营客户和最终高效地交付

11

客户价值。

　　企业在屡屡获得好评的业务活动中，容易找到自己的优势业务，但业务潜力到底有多大，核心业务能够完成什么样的战略目标，还是需要引入另外一个资源管理工具：企业战略资源盘点。企业到底能够干什么不干什么，企业老板会不知道吗？很遗憾，大部分老板并不知道自己的企业能够干什么，极致性在哪里，不可能完成的边界在哪里。

　　资源战略盘点是华为重要的资源管理系统，现在已经成为企业明晰核心业务和认识企业系统的普适管理工具。战略管理者需要将资源盘点变成企业的一种常态管理行为。

　　在进行资源盘点操作的时候，其实只有一个目的，就是将企业所有能够运用的软性资源、硬性资源、潜力资源以及供应链和价值链上所有资源都摆出来，如人力资源、财务资源、技术资源、市场资源等，这包括确定需要盘点的资源类型以及盘点的具体内容和深度。通过明确目标和范围，可以确保盘点工作的针对性和有效性。

　　资源盘点看似战术行为，但其本质上是顶级的战略行为。这其实是一个"整体穿透局部"的战略执行的前奏。以华为为例子，华为会组建一个专门的盘点团队，由不同部门的专业人员组成，以确保从多个角度全面审视企业的战略资源。团队成员通常包括来自人力资源、财务、技术、市场等部门的专家和负责人。

　　有些数据是瞬间可以收集到的，比如档案资料、财务报表、技术文档、市场调研报告等，但对于人才的潜力评估，却需要深度的访谈变成系统可以理解的知识地图，数据和非数据体系，会形成一个远大于可见数据的整体资源能力拼图。在数据分析和人工智能语义分析的基础上，战略管理者会识别出对企业战略目标实现具有关键作用的资源，以及当前存在的资源瓶颈。这些关键资源和瓶颈将成为后续决策和行动的重点。针对识别出的关键资源和瓶颈，战略管理者会制定相应的资源优化策略。这些策略可能包括资源调配、资源整合、资源补充、资源提升等，以确保企业拥有足够的资源来支持战略目标的实现。

资源盘点结束之后，企业需要进行分享数据，盘点结果和策略建议反馈给相关部门和人员，以便他们更好地理解和执行。当这些工作全部做完一个循环的时候，企业无论是战略管理者还是其他的管理层级人员，均能够知道企业的核心业务和核心能力在哪里了。

结合自身优势，明确核心业务，这是非常重要的战略战术的连贯性动作，管理学者彼得·德鲁克认为："真正战略性成本的节约，不是在一些细节上改善与减少浪费，而是集中优势资源去抓住最重要的战略性机会点！"

● 制定阶段性目标，稳步推进

企业在进行资源盘点之后，会知道自己几斤几两，这是一种重要的自我认知，不会妄自菲薄，也不会产生自满之心。企业内大小组织结构均能够分享信息，也就知道自己的资源能力和技术能力在全球排行之中处于什么样的位置。只要在企业面前还有全球领先的标杆，那就死命去学习标杆，并且团队需要评估如何超越标杆。

超越型的长远目标是一个大框架，不能够一步完成，在长远目标实现的过程中，总是会有一些明显的里程碑式的事件，将长远目标分成几个重要的发展阶段。将长远目标分阶段实现的构想是一种很智慧的战略选择。

企业面对激烈的市场竞争，速胜论和悲观论均不可取。一步不能实现的长远目标，就需要考虑将目标分解为当下资源可以实现的目标，将资源集中于当下的核心业务，在市场中，获得资源，发展壮大之后，再转换核心业务，进入下一个发展阶段。这样的战略进程，是一种综合的战略竞争体系。

按照一个城市的标准，做一个优秀企业，按照国家的标准做优秀企业，然后走过来，按照全球标准，做一家伟大企业，一步步，都是经营方式和业务系统的进化，战略管理者理解这种进化，也理解分阶段实现战略目标的伟大构想。

第二章　市场洞察，精准卡位

1. 核心战略行动：深入了解市场需求

在人工智能时代，做一个精确的领导者确实是一个大难题。现在的企业管理，面对的现实和未来就是一个混沌系统，在混沌系统之中内生出自己的秩序，需要投入大量的精力和资源才能够完成，这就是物理学第二定律给经营者的启示。杰出的战略管理者都是在对抗混乱的归程之中走出来的。

事实上，理解市场需求是一个过程，是一个系统而全面的工作，涉及多个环节和多种方法、工具。比如说，通信设备的客户主要是运营商，政企业务的客户则包括企业、政府及公共事业组织等。一些通信企业出海小国的时候，员工要去拜会该国的政要，而在中国的国内市场，这样的事情根本就不会发生。需求市场在表面上看起来是一个数据，但在内里却是一个复杂的交易结构。企业在明确理解需求之前，需要找到自己能够决策的客户，包括其行业背景、业务需求等。但万变不离其宗，客户需求决定了产品的各种要素，是产品和解决方案规划的源泉。

战略管理者需要深入分析客户的实际需求，包括显性需求和潜在需求。这是战略开始的地方。战略第一步需要知道谁是自己的客户，显然，在竞争性的市场里，标杆企业的高端战略客户就是自己需要研究的对象，回过头来，企业需要做的事情，就是再次聚焦客户的需求和挑战，对于客户的价值体系和服务体系进行一次超越。除非在全新的市场或者在垄断市场，否则，作为战略管理者，需要从这个视角来撬动资源。

真正的需求洞察其实是有方法的，按照一些先进的软件产品设计工具来说，软件在测试和迭代的时候是一定要给终端用户用的，他们的话语才代表真正的需求。比如说，国内创投领域热追的一个软件产业中的重要工具项目 PingCode Ship 就是如此，这是一个"以客户为中心"的产品管理平台，提供用户反馈通道、需求管理、优先级排序、产品路线图等解决方案，帮助团队在战略上进行协作并构建产品。

这个案例可以给我们很大的启发，即我们需要站在客户的立场和角度去思考，关注客户的痛点、困难、挑战和压力。通过理解客户服务的最终客户是谁，以及谁能为客户解决核心诉求，战略管理者不仅需要直接面对自己的客户，还需要面对"客户的客户"，这能够更准确地把握客户需求。

很多人说顺应需求其实是件容易的事情，事实上，企业经营者遇到的所有的风都是逆风，即使是成熟产品和成熟需求，也不是需求满足这么简单，企业还需要理解用户的心智结构是什么，决策结构是什么，并在此基础上构建深度关系，在深度关系基础上，客户有时候才会说出真正的需求，以及自己对于未来的需求，这中间需要持续沟通和反馈。

在客户市场进行深度调研和交流的时候，发现痛苦也是有结构的，客户供应链和价值链上的痛点形成了一个链条，这就是痛苦链。现在这已经是一个分析工具了，企业通过分析客户的痛点及其背后的原因和影响，帮助企业更深入地理解客户需求并制订相应的解决方案。通过对于痛点进行排序，可以引导客户关键需求，通过划分不同维度和优先级来识别和解决客户需求。

战略领导者追求的目标是超越对手，当企业需要和竞争对手拉开差距，不追求只比竞争对手好上一点点的时候，那就需要"创造和引导需求"了，在战略管理领域，这里一直是一个热点。

长期以来，企业在制定战略时，始终围绕着"客户至上"的原则。通过了解客户的需求，优化内部资源配置，企业可以有效提升产品或服务的市场竞争力。流程服务的精细化、产品的个性化定制以及售后服务的完善，都是企业满足客户需求的重要手段。

这种传统的需求满足模式强调的是对现有需求的反应和优化，即通过调查客户的反馈、分析市场数据，企业可以明确客户的期望，并以此为依据调整产品或服务。然而，这种模式的局限性也十分明显：它更多是对客户现有需求的"被动满足"，而非对未来需求的"主动引导"。当所有企业都以同样的方式优化服务时，市场竞争的差异化优势逐渐减弱，企业难以在激烈的市场中脱颖而出。一个丧失独特性和领先性的企业是危险的。

真正一流的战略管理者不仅满足于当前客户的需求，他们还会主动去创造需求，从而引领市场。需求创造不同于需求满足，它要求企业对未来保持极高的敏感度，并且通过创新产品和服务来激发客户的潜在需求。

例如，苹果定义了移动互联网时代的终端手机的样子，这就是一种战略设计方案来创新需求的案例，智能手机在推出之前，人们对于拥有如此强大功能的通信设备并没有明确的需求，但通过技术创新和市场教育，智能手机逐渐成为全球消费者的必需品，事实上，也开启了人类的普遍的智能机时代，开创者更容易受到市场的尊重。

一流的战略设计者理解市场中的"残酷现实"：客户的需求总是在变化，而客户本身也极易因为更好的产品或服务而离开现有的品牌。因此，他们奉行"残酷主义思考"，即在面对未来的市场挑战时，不抱有幻想，清醒地认识到竞争的残酷性。为了在这种不确定的环境中立于不败之地，他们通过创新的产品设计和精准的市场教育，努力创造新的市场需求，从而保证企业的持续发展。

在现代商业环境中，客户忠诚度是非常脆弱的。即便企业通过种种手段优化流程、提高服务质量，也无法避免客户因为价格、功能或其他外部因素转向竞争对手。这种客户易变性的现实要求企业管理者必须拥有深刻的洞察力，理解客户行为背后的动机和趋势。

因此，战略管理者需要时刻保持清醒的头脑，不仅要依赖现有的客户数据进行市场分析，更要具备洞察未来市场需求的能力。他们理解，简单的需求满足并不足以长期吸引客户，必须通过不断的创新与变革来满足甚至超越客户的期望。

面对客户需求的变化与不确定性，企业与客户之间的深度接触与战略合作显得尤为重要。仅仅通过市场调研或客户反馈无法真正了解客户的需求。企业需要与客户建立更紧密的联系，深入客户的日常使用场景，理解客户在实际使用产品或服务时遇到的痛点与需求。这不仅仅是信息的获取，更是一种"你中有我，我中有你"的深度战略协作。

这种深度纠缠的战略合作设计，意味着企业需要在客户的各个环节中融入自己的产品和服务，成为客户日常生活或工作的不可或缺部分。即便在某些情况下，这种合作可能需要企业在短期内承担更多的成本或付出额外的努力，但从长远来看，企业通过与客户的深度联系，可以获得更强的市场稳定性和客户忠诚度。

例如，许多成功的科技公司通过生态系统的构建，使得客户在使用一款产品的同时，自然而然地接受其他相关产品和服务，从而形成了一种牢固的用户黏性。这类案例比较多，完整技术系统本身一旦展开，就会呈现出一定的排他性，这也是企业进行战略设计的机会。

另外，企业的服务能力也是创造需求的重要一环。服务不仅是售后保障，它也是客户体验的延续和升华。通过卓越的服务，企业可以进一步了解客户的潜在需求，并在客户的反馈基础上不断优化产品和服务，从而实现需求的创造与引导。

企业通过服务与客户建立起长久的关系，通过不断的互动与反馈，企业可以根据客户的个性化需求提供定制化的解决方案。这种服务能力不仅提升了客户的满意度，也为企业创造了更多的需求机会。

2. 市场洞察思考及策略指引

● **进行市场调研，掌握客户需求**

市场调研存在于企业的所有战略层和运营层，大到 CEO，小到一个前线的销售人员，市场调研都是工作的基础，也是工作取得成效的关键。因此，市场调研行为，既是战略行动的一部分，也是战术行动的一部分。

传统的市场调研，含外部和内部的信息获得的所有路径。罗列出来，外部包括客户交流、技术交流、高层拜访、市场调研、参观展览、技术支持、招投标、媒体信息等。内部包括出差报告、周月报、测试及内部验收报告、沟通例会、高层指示等。研发人员、产品经理、市场经理、客户经理等等管理人员需要呈现一段时间的部门整体运作状况，并提供全面内外信息，提供给决策层。很多科层制组织一直就是这么做的，但这里会出现两个后果，一个是管理层按照自己的认知和部门利益扭曲信息；一个是信息在呈报的过程中滞后于现实。领导者觉得自己理解企业，其实他自己被扭曲的事实欺骗了。例如，某巨型房地产企业的失败，跟信息链路的获得路径有很大的内在关系。

今天的战略管理者必须问自己的一个问题，我们凭借什么样的系统机制来做决策？在复杂的市场竞争条件下，企业必须秉持一条新假设：战略管理者不是天然的合格决策者。按照这个假设逻辑延伸下去，导出的组织管理变革方向，那就是，市场调研的常态化是新常态条件下企业战略管理的核心任务。

在信息化、数字化组织不断发展的今天，市场调研的作用变得更加重要，甚至常态化。传统市场调研主要依赖周期性的调查与数据收集，基于静态的市场数据为企业提供决策参考。然而，这种方式在动态变化的市场环境中显得滞后且缺乏实时性。

市场调研不再是一种阶段性工作，而是日常运营中的固定机制。企业通过不断收集市场信息、客户反馈和竞争对手的动向来保持对市场的实时洞察，这种机制的常态化使得企业能够时刻调整自己的战略，以应对市场的快速变化。笔者在服务客户的过程中说过一句话："只要企业存在一天，调研进程就不会停止。"并且因为这句话获得了一个重要的服务客户，我们帮助企业建立了常态化的调研系统，企业在半年之后，内生的新秩序就产生了，虽然企业的战略管理者和智和岛团队都不知道为什么会这样，但确实是实时信息改变了企业。我们在这个案例里得到了一个共识：调研成为企业保持竞争优势的必要手段。

那么，战略管理者思考的问题，不是去设计问卷，在街上拦下两个小姑娘问一问她们对于产品的使用感受，战略管理者应该思考的问题，是做一个机制的设计者，通过制度设计，让客户成为企业的数据生产者。因此，在重新设计组织结构的过程中，需要行动起来，做出一个数字化组织与市场调研的深度融合的新型组织形态出来。

数字智能化组织的兴起为企业带来了全新的管理模式。所谓的信息组织和数字化组织，本质上就是通过技术手段将市场调研嵌入到企业的日常运营中。通过互联网、大数据、人工智能等技术的支持，企业能够在短时间内获取大量精准的市场信息。这使得市场调研不再依赖于传统的手工数据收集和分析，而是通过智能化技术将调研机制与日常运营流程深度结合，实现实时数据反馈和分析。

在这种数字化组织的管理框架下，市场调研不仅是为了获取数据，还能通过数据分析预测未来的市场趋势，并对客户需求的变化进行及时反应。这种能力极大地提高了企业的市场敏感度，使得企业能够在激烈的市场竞争中快速调整策略，保持市场的竞争力。

●分析竞争对手，找出市场超越点

在 20 世纪 90 年代，战略联盟、对标管理和流程再造是管理学领域的三大件，其中，对标管理就是盯着全球市场中的最优秀企业，进行系统对标，分析竞争对手的每一个精细的战略行为和经营行为，在战略定位上做一个"积极跟随者"，其实是一个相当高明的策略，在经营本质上，不要被所谓的原创精神误导。按照笔者的理解，一个战略成功的企业，其95%的价值生成基于做一个"积极跟随者"的角色，5%的价值来源于做人类的第一个"吃螃蟹的人"。

这样的观念和很多创新教科书上的表述是相反的，其实，做到5%的原创知识，已经是了不起的企业了。大企业的真正强大之处是向全球学习，开放性地突破自己的产业边界，向全球单项领先的企业做全面的学习，将所有的长处集中于己身，这是一个普适的做大做强之路。只有那些横跨几个专业的复合型人才，才能够理解其中的深度内涵。

真正理解一个行业的本质，才能赚到钱，而真正有智慧的战略管理者会感恩市场领先者，称他们为"友商"，对于竞争对手的研究，一直是企业进行学习的重点领域，如果向竞争对手学习算是一种市场调研活动，那么，这就是一种精准的调研模式。

在智和岛的问题库中，有一个问题："你真的理解你的竞争对手吗？"读者如果是一个战略管理者，可以试着每一天在阅读数据的时候，回答这个问题。笔者觉得，我们对于全球竞争对手的研究还是太少了。

企业的战略运作需要时刻关注客户需求的变化，这是市场的真理，无可辩驳，但对于一个经营现实主义者来说，怎么去理解客户需求的变化呢？这才是真正的问题。其实在实际操作中，我们需要直接紧盯那些已经做得卓有成效的竞争对手，不要把他们当成敌人，而要当成不同方向围猎的同盟军。在字面上很难理解，那是因为竞争对手已经用自己的真实资源证明了这个市场不是一个伪需求，并且在前面教育了市场，证明了这是一条行得通的道路。而证明确定性需求市场的存在和规模，是要付出巨大探索成本的。

分析竞争对手，可以在成熟的市场中，寻找到自己的超越点，自己敢于成为第一，这是一个哲学思考。

举例来说，华为公司在智能手机领域选择了专注于用户体验和高端市场，而并没有试图在中低端市场与竞争对手正面交锋。这种聚焦使得华为能够在高端市场占据主导地位，并通过强大的品牌效应和创新技术获取市场优势。资源聚焦帮助企业在其选择的细分市场中实现最大化优势。

战略运营的核心在于选择和资源的聚焦。企业无法面面俱到，因此必须在战略上做出选择。无论是市场定位、产品服务，还是营销渠道，企业都需要选择出最符合其能力和市场需求的方向，并在这一方向上集中资源，最大化其优势。

然而，选择聚焦也意味着放弃。在企业专注于某一方面的同时，必然在其他领域暴露出弱点。举例来说，大疆无人机在高端市场拥有强大的竞争力，但在中低端市场的份额却较为薄弱。这种选择使得企业能够集中资源在其擅长的领域，但也同时在未聚焦的领域留下了空隙。

这种资源聚焦的本质带来了竞争的机会。竞争对手可以通过分析企业的战略聚焦方向，找到那些被忽视的领域，并通过针对性策略，在这些空隙中实现突破。其实，这就是笔者所说的超越点。

在成熟市场中，竞争对手的行动往往能够提供重要的战略参考。企业在竞争中，必须深入分析竞争对手的优势与劣势，以便找到自身的突破点。

通过观察竞争对手的产品、服务、市场定位、定价策略以及客户反馈，企业可以识别出其在运营过程中暴露出的弱点或市场空隙。竞争对手的侧面往往是他们战略中的薄弱环节。通过识别这些环节，企业可以发现那些未被充分开发的市场机会，并通过差异化策略在这些领域获得竞争优势。

我们分析这些竞争对手，基于一种假设，没有一种组织战略是完美的，是企业就会有弱点，攻击他们的弱点，建立自己的反向叙事，加上在细分市场更加精准的客户关系，就可以超越对手。在进行竞争分析时，企业必须清楚地识别出竞争对手的聚焦方向及其带来的限制。

竞争分析是企业在成熟市场中寻找超越点的关键工具。通过深入理解竞争对手的战略聚焦和其带来的弱点，企业能够在资源聚焦的同时，识别出市场中的空隙，找到差异化的竞争方式。通过这种方式，企业即便在竞争激烈的成熟市场中，也能找到属于自己的市场空间，实现战略突破。竞争永远存在机会，关键在于企业如何通过分析和差异化策略抓住这些机会，切下一块属于自己的市场份额。

最后，说一个不相关的话题，从组织管理学的角度来看，深入研究领先的竞争对手，可以激发企业组织的斗志，特别是来自竞争对手的轻蔑，会激发团队的抗争和超越之心。这是针对客户的市场调研带来的副产品，战略管理的本质就是要凝聚人心，在日常的经营活动之中，如果能够描述出清晰的"敌人"，杰出的企业都是其"杰出的敌人"所成就的，杰出的敌人是市场的领路人。

●定位目标市场，精准切入

想要定位一个目标市场，就需要通透整个产业市场的所有经营细节，这就是今天的企业战略管理者的悖论。不理解整个价值链上的运营，也就无法理解自己企业为什么要定位在某一个市场。用中国话来讲："不谋全局者，不足谋一域。"

定位目标市场之前，需要构建完整的战略经营拼图，找到企业对于外部环境的总体认知，并且得出结论，结论还要经过充分的经营场景验证，变成企业上下同欲的共识，这个定位目标市场的过程，不能有半点马虎。市场调研的核心目的是帮助企业获得外部环境的总体认知，并通过这一认知制定和调整企业的战略。

之前，我们在做企业战略的时候，考虑的问题面都相对比较窄，在今天的战略思考里，其思考框架已经发生了变化，举例来说，智和岛所在地在江苏常州，这是一个以全球新能源产业为龙头产业的城市，在新能源这个赛道里，有近二十家上市企业，产业信息和竞争信息在这个城市里高速流动。人们竞争得越多，相互之间越有更多的合作和竞争交集，比如说，一家上市企业在海外市场吃了地缘政治上制裁和关税的亏，其他的企业也会迅速做出调整。这就是竞争对手的价值。相对于世界市场，这些企业集中在一个城市里，其实是一种抱团取暖的战略关系，对于市场竞争，既要看到竞争的一面也要看到竞合的一面。

企业所面临的外部环境包含了政治、经济、社会、技术（PEST）等多方面的因素，这些因素共同影响着市场的走向和客户的需求变化。通过持续的市场调研，企业能够更加全面地理解外部环境的变化，从而对未来的市场风险和机遇做出精准预判。

对于如何确定目标市场，并且对于目标的安全环境需要做仔细思考，定位目标的安全是第一位的。这和投资者思考模型一样，明知会亏本的事情，那就坚决不要做。传统的市场调研主要集中于收集现有的市场数据，而现代的数字化调研则能够通过数据挖掘和人工智能技术，将市场的潜在趋势和客户的隐性需求挖掘出来。企业通过这种方式，能够形成一个关于外部环境的完整拼图，并基于这一拼图做出更具前瞻性的战略决策。当发现定位目标市场有利可图的时候，该出手时就出手。

大环境我们说完了，我们现在来说说小环境和微观层面的策略竞争。

对于企业如何切入新的目标市场，以一个创业型企业为参照，笔者觉得总的策略应该是从边缘突围到主流市场的进击进程。

初创企业由于资源、资金和品牌知名度方面的劣势，难以与市场中的大型企业正面竞争。在选择目标市场时，初创企业应避免在一开始就与大企业迎头相撞，而是选择从边缘市场切入。通过在大企业未充分关注或重视的领域找到自己的立足点，逐步发展壮大。在早期的中国互联网市场中，阿里巴巴并没有直接与当时的互联网巨头正面竞争，而是选择从外贸B2B领域入手，通过为中小企业提供在线贸易平台，建立了自己的初始根据地。随着企业的成长，阿里巴巴逐渐扩展到其他业务领域，最终成为如今的互联网巨头。

从竞争对手的弱点中寻找机会从来都是一个精明的策略。大企业往往因为规模庞大，难以灵活调整业务，导致它们在一些边缘市场或细分市场中投入不足。这为初创企业提供了机会。初创企业可以通过识别这些市场中的需求缺口，在大企业的"侧枝"上展开行动，避免正面冲突，并通过持续的努力，逐渐在这些领域建立起自己的竞争优势。

举例来说，在电子商务领域，拼多多在起步阶段并没有选择与天猫、京东等大平台正面竞争，而是瞄准了下沉市场（即三、四线城市及农村地区），通过"社交电商"的方式快速积累用户，迅速扩大市场份额。这个策略正是通过抓住大企业忽略的边缘市场，逐步发展壮大的典型案例。

但是，即使在边缘市场，也需要慎重思考市场真伪需求，有些所谓的市场细分和利基市场，其实都是一种伪需求。这一点，企业一定要警惕。边缘市场并不是一个简单的概念，它的选择需要充分考虑多方面因素，如市场规模、竞争环境、目标客户群体的需求和企业自身的资源禀赋等。初创企业应选择那些能够充分发挥自身优势、与大企业差异化竞争的市场，作为切入点。

在边缘市场建立起根据地之后，初创企业需要以"蚕食"的策略逐步扩大市场份额。这种策略要求企业在已经占领的市场中精耕细作，提供更优质的产品或服务，提升用户体验，逐步扩大自己的市场影响力。同时，初创企业还应不断开拓新的细分市场，将边缘市场连成一片。通过持续扩展和占领新的市场，企业可以不断壮大自身实力，最终实现对整个行业的影响力。

但很多缺乏战略指引的企业，在边缘一旦立足了就失去了进取之心，"小而美"往往是做了最大战略妥协的产业，这个模式反映了战略管理的心力匮乏。事实上，就目标市场定位而言，"小而美"只是走完了万里长征第一步。

在目标市场选择的过程中，企业需要保持灵活性，及时根据市场环境和自身发展阶段的变化，动态调整目标市场的定位和战略。目标市场不是一成不变的，企业需要根据市场反馈、行业趋势和竞争对手的变化，适时调整自身的目标和战略。

有战略雄心的战略管理者不会停留在原地。亚马逊在创业初期以图书销售为切入点，通过建立完善的物流和供应链体系，逐步拓展到多品类销售，最终成为全球最大的电商平台。这一过程中，亚马逊根据市场变化和企业发展的需要，灵活调整了自己的目标市场和业务领域，成功实现了由图书电商向综合电商的转变。

最后，笔者要给出忠告，不同的目标市场需要不同的资源投入和能力禀赋。在切入目标市场的过程中，企业需要充分了解自身的资源禀赋，合理分配和运用资源，确保在市场竞争中最大化效能。

在边缘竞争是一回事，在主流市场的竞争中，企业必须特别注重资本的效能管理，确保每一笔投入都能产生最大的效益。这要求企业在战略制定和执行过程中，既要有长远的规划，又要具备灵活的调整能力，确保能够根据市场变化及时调整资源分配。

第三章 目标锁定，差异竞争

1. 核心战略行动：明确独特竞争优势

绝大多数企业的战略模式其实都是竞争战略，这是由企业的普遍处境决定的。也就是说，在成熟市场里拼杀，是几乎所有经营者的宿命。企图摆脱所有竞争的商业构想，其实是一种不符合现实的理想主义，这样的思想只能存在于学术圈子里，不能存在于经营现实里。

在成熟市场中，竞争往往异常激烈，因为市场的主要参与者已经形成了相对固定的市场份额，且消费者的需求和偏好趋于稳定。企业在进入或扩展成熟市场时，必须面对这样的现实：几乎所有的市场空间已经被现有竞争对手占据。战略只有少数选择，而最多的战略选择，就是先打谁，再打谁，最后打残谁，然后不同敌人怎么打的问题。本书谈及的"军规"，大体表述的就是这种含义。

然而，成熟市场并不意味着没有机会。正如前文中所述，市场的固化本质上是竞争对手选择战略聚焦的结果，他们无法面面俱到，因此一定会留下未被充分开发的市场空间。对于新进入者或希望扩展市场份额的企业而言，关键在于通过竞争分析识别这些空隙，并通过差异化策略进行市场切割。

战略24条法则

对于成熟市场如何开拓的问题，我们可以看一下世界级的经典案例，比如说，服装纺织业是第一次工业革命的产业，到现在，还是有一些聪明的品牌以自己独特的方式参与了竞争，还是那句话，没有密不透风的市场，只要是市场，就会有机会。服装行业中的快速时尚品牌（如Zara）通过快速的供应链和设计迭代占据了大量市场份额，别人一个月完成的产品周期，Zara可以做到一周甚至更快出现在自己的连锁店里。这样的快节奏重新定义了服装品牌的产业节奏，如果其他企业不进入"快时尚"这种场景之中，那么，更迭最快、利润丰厚的风尚女装市场就被这家企业切下来了。因此，企业在成熟市场中竞争时，需要更加关注细分市场或独特的价值主张。

这种差异化的策略，使得企业即便在一个竞争激烈的成熟市场中，也能找到自己的立足点。关键在于企业需要深刻理解市场的成熟度，认识到竞争对手的局限，并通过战略超越点来实现自身的市场切入。

当然，Zara能够做到这一点，在于重组了自己的供应链，将不同的元素组合在一起，以人工智能和大数据技术为支撑，市场调研的精确度大大提升。通过对市场的动态跟踪，Zara能够实时掌握客户的购买习惯、偏好和反馈，从而在产品开发、市场营销和客户服务中采取更加精准的措施。Zara这种从数据到战略的转化，使得企业在面对市场变化时具备了更加灵活的应对能力，进而在竞争中获得优势。

Zara的战略演化在于其本身的互联网基因，以数字智能化组织重新定义了企业的流程运营系统，数字化和数据资产积累不仅仅是数据的收集过程，更是通过数据分析形成有效战略的过程。Zara在数字化管理思维的推动下，企业能够在调研过程中将大量的市场信息整合到战略制定之中。例如，Zara通过调研了解到某一类或几类女性客户对某类产品的偏好不断变化，企业可以及时调整产品开发方向，甚至根据客户反馈设计出新的产品或服务。

笔者作为企业战略咨询者，在日常工作中，将客户的类型分成两种，一种是可以快速转型的事业；另一种是拥有巨大沉没资产的事业，两种事业决定了在选择战略的时候，不能随意。比如说，服装企业就是一个存量市场，想要转型，就需要抛弃很多资产；而笔者从事的投资领域就是一个非常灵动的体系，随时都可以调整投资方向。本书主要谈及的是存量市场的竞争，这对于当下的市场运营就是有普适指引价值的。

对于很多拥有大量存量资产的企业而言，其目标市场其实是被锁定的，比如炼钢企业，想要参与竞争，并且获得好收益，只能采取与众不同的竞争方式。

在竞争激烈的市场中，企业不能单纯通过模仿竞争对手来取得成功，那只是一个路边的参考系，企业还是要走自己的道路。差异化是企业在竞争中脱颖而出的关键手段。通过提供与竞争对手不同的产品或服务，企业可以在消费者心中树立独特的品牌形象，避免与竞争对手陷入价格战等消耗性竞争。

差异化不仅体现在产品和服务上，还包括企业的商业模式、营销策略、供应链管理等各个方面。差异化的实现依赖于企业资源的合理分配。企业在选择差异化路径时，必须根据自身的资源能力和市场需求，确保资源聚焦于最具竞争力的领域。通过合理分配资源，企业能够最大限度地发挥其优势，并通过差异化策略在竞争中实现超越。

笔者觉得，最好的差异化道路，其实是能够将不同的差异化的点组合起来，形成一个新的竞争组合。这样，企业就能够在这种差异化组织之中受益。

2. 差异型竞争力思考及策略指引

●挖掘企业特色，打造差异化产品或服务

我们需要发展出一种差异化竞争力，就像一个人需要保持一定的个性一样，不能做别人的跟随者，而且一点个性都没有，这样的企业，得不到客户的喜欢。差异化竞争策略，其本意就是从单一创新到综合竞争优势，具备一定的"抗复制"能力。

在今天，企业想要脱颖而出，仅仅依靠单一的差异化点已经不足够。随着技术的发展、消费者需求的多样化以及市场的不断变化，企业需要通过多维度的差异化策略，组合创新要素，形成一个综合的竞争优势。这种综合优势不仅在某个单一领域具备独特性，更是通过跨领域的组合，使得竞争对手难以单纯依靠某个模式进行模仿或超越。

就像咖啡这种饮品，也是日常之物，照样有人将其业务做得风生水起，这就是差异化竞争力的魅力所在。我们在这一节的文字里，需要植入一个观念：独一无二其实是可以组合出来的。星巴克通过其独特的咖啡文化和门店氛围，成功地将其品牌打造成了一种生活方式。消费者不仅仅是购买咖啡，加上其独特的品牌叙事，更是在星巴克找到了一种情感归属感。这种品牌与用户之间的情感连接，使得星巴克能够在全球范围内建立强大的品牌影响力，并维持长期的市场竞争力。

差异化的本质是通过与众不同的方式，星巴克创造出用户认知中的"独特性"。随着市场逐渐成熟，单纯依靠某一方面的创新，往往无法在长

期竞争中维持优势。因此，星巴克将多个差异化点有机地结合起来，能够使得企业的整体竞争力更加稳固，并且在市场上具备持久的竞争优势。

对于很多企业来说，在进行战略组合的时候，技术创新与商业模式创新的结合是一个基础组合，其他的独特性元素都是构建在这两个元素之上，因此，这可以看成是走向差异化的基础工程，也是打造企业综合竞争优势的首要关键。

技术创新是企业实现差异化的核心方式之一。随着科技的快速发展，新技术层出不穷，能够为企业带来大量前所未有的机会。然而，技术本身并不是万能的，许多企业仅仅依靠技术创新而忽视了市场的需求和商业模式的设计，往往无法在市场上获得长期的成功。企业需要明确，技术创新必须与市场需求紧密结合，并通过适当的商业模式，将技术优势转化为市场效益。

仅有技术上的突破，往往难以直接转化为市场上的成功，因为没有一个有效的商业模式来承载和推广这些技术创新。反之，如果商业模式独具创新，但技术水平停滞不前，也难以长期吸引消费者。因此，将技术创新与商业模式创新结合起来，是创造长远竞争力的有效途径。商业模式创新指的是企业通过重新设计和优化其价值链，为消费者提供更高价值，或者通过创新的盈利模式实现成本结构的优化。成功的商业模式创新可以帮助企业在市场中找到新的利润来源，并在竞争中脱颖而出。在技术创新的基础上进行商业模式创新，可以帮助企业在市场中构建一套有效的盈利机制，使技术成果能够转化为实际的市场价值。因此，需要注重这种综合创新的协同效应。

在现代商业竞争中，仅仅依靠技术创新和商业模式创新，还不足以让企业在市场中获得长久的成功。随着消费者对产品和服务的期望越来越高，企业需要在此基础上，进一步提升用户体验，并通过创新手段来影响用户的心智，塑造品牌与用户之间的情感连接。

●强化品牌形象，提升品牌辨识度

品牌差异化是非常重要的差异化之路，这意味着企业在进行商业品牌运作时，需要从传统的物质导向转向心理导向，关注客户的情感体验、价值观念和生活方式。通过对客户心智的深入理解，企业可以开发出更加契合客户心理需求的产品和服务，提升客户的品牌忠诚度和满意度。

随着消费者需求的不断演变，我们正在进入一个"心智时代"和"精神体验时代"。在过去，客户的需求更多是集中在物质层面的满足，如产品的功能、价格和品质。而如今，客户更加注重的是精神层面的体验，追求与品牌的情感共鸣以及精神上的满足。这一变化对企业的市场调研提出了更高的要求——不仅要捕捉客户的物质需求，还要深入了解客户的精神需求和心智层面的偏好。需要更加注重客户的情感需求和心理感受，从而设计出具有情感价值的产品和服务。精神体验时代的到来，使得客户对产品的需求不再局限于产品本身，而是更看重使用产品时所获得的情感体验和精神愉悦。

在这一背景下，数字化组织为品牌建设提供了新的可能性。通过智能化数据分析，企业可以实时追踪客户的情感变化，了解他们的购买动机和情感驱动因素。这种实时的客户情感反馈，帮助企业更加准确地定位客户需求，制订出更具针对性的营销策略和产品创新方案，并由此提升企业的品牌识别度。

其实，在差异化竞争力的构建过程中，我们需要构建的差异化是可以沿着整个价值链来进行构建的。品牌差异化不见得就是产品和服务本身，也可以从企业中的人的形象来构建品牌的支柱，也就是构建创始人的人格体品牌，让人格体品牌成为数字化时代的一个流量入口。

按照一个媒介专家的说法，现在的企业家不得不走上前台，自己做演员，因为借助于外部媒介的力量，成本和口碑并不受企业的战略控制，因此，将品牌人格体作为企业的一项资产构建来经营，这样的案例，现在已经越来越多了。这可以塑造品牌与用户之间的情感连接，形成企业外部客户资源的影响力体系。

企业的品牌形象，在我们这个时代已经发生了很大的变化。之前，在黑白印刷时代，企业的标识是简单的设计符号，而现在，符合体系依然存在，但更加锐利的识别系统是企业家的脸和价值观，这是企业新的符号体系。客户在购买产品的时候，其实也在购买企业创始人所附带的价值观和精神风貌。

当然，品牌经营没有那么简单，品牌在当下的环境之中，是相当脆弱的，企业有自己的价值观，一旦在经营活动之中，做了有悖于价值观的事情，对于品牌的打击是毁灭性的；同时，人格体品牌需要形象人保持较高的道德感和道德行为，人格体品牌一旦做出出格的事情，也同样会瞬间毁灭品牌。这是数字媒体时代的现实。

有几项品牌基础工作是必须要坚持的，第一点，品牌用户体验是消费者在使用产品或服务过程中，所有交互点的整体感知。随着市场竞争的日益激烈，消费者的选择越来越多，价格不再是唯一的决策因素，消费者更看重的是整个使用过程中的感受，包括产品的设计、易用性、个性化服务等。因此，提升用户体验成了企业差异化竞争中的关键一环。

第二点，在用户体验的创新中，企业需要站在客户的角度，理解他们的需求和痛点，并通过创新的方式来解决这些问题。尤其是在今天的数字化时代，用户的期望不断提高，他们希望获得个性化、便利和无缝的使用体验。企业可以通过数据分析和智能化技术，了解用户的行为模式和喜好，从而提供更加个性化的服务和产品推荐。口碑是积累出来的，而且是一个慢活，需要有足够的耐心来维系品牌价值的增长。

第三点，品牌差异化的过程需要企业进行有意识的话语生产，一个出色的话语生产者可能产生的经营结果相当于一家上市企业。品牌创造和用户进行互动的机会，让企业的价值观深入人心，影响消费者的心智，使得消费者对品牌产生情感上的认同。这种情感连接能够帮助企业在激烈的市场竞争中获得忠实的用户群体。

●放大独特性，保持竞争优势

从战略上来讲，差异化竞争都是侧翼攻击。企业靠着差异化赢得了一片市场，企业接下来的竞争模式还是放大自身的独特性，保持自己的竞争优势，在差异化市场中积累实力，最终能够重新定位目标市场，重新定义客户，由边缘市场迈向主流市场。这就是很多企业的战略发展路径。

在边缘市场中建立起的根据地，为企业进军主流市场提供了基础。在积累了足够的实力之后，企业需要果断地将目光转向主流市场。通过整合边缘市场中的资源与经验，企业可以更具优势地对主流市场展开进攻。

在这一阶段，企业需要密切关注行业的发展趋势和竞争对手的动态，确保自身的产品或服务能够满足主流市场的需求。在进军主流市场的过程中，企业还需要确保自身在边缘市场中积累的优势能够得到充分发挥，并通过精准的市场营销和高效的运营管理，逐步蚕食主流市场的份额。

企业在边缘市场的竞争中，实力积累是一个关键要素。边缘市场的拓展虽然可以带来一定的用户基础，但要进入主流市场，企业需要打造强大的品牌影响力，让消费者对其产品或服务产生信任，建立起品牌影响力。

主流市场的竞争往往需要更多的资本投入，企业需要在边缘市场中通过盈利或融资，积累足够的资金和资源，才能在主流市场的竞争中立于不败之地。

主流市场往往对产品和服务的品质、性能、创新性要求更高。初创企业需要持续提升自身的技术与创新能力，确保能够满足主流市场的高标准。如果有可能，还是要靠创新发展颠覆性的技术，或者投资和并购拥有颠覆性技术的企业，靠着综合创新形成的独特性，实现由量变到质变的跨越。

有兴趣的读者可以去阅读华为业务发展的简单历史，这就是一个从边缘市场逐步积累实力杀入主流市场的过程，在过去的30年里，上演了全球通信社会市场王朝更迭的鲜活案例。从别人看不上的中国县域市场起步，靠服务优势建立口碑。在开拓国际市场的时候，从别人看不上的非洲市场、南美市场起步，积累实力，最终在国际市场实现了市场占位，华为成功实现了从边缘市场到主流市场的转型，成为全球领先的通信和科技企业之一。

在战略进攻阶段，替代主流市场竞争对手的方式，最好的策略就是"蚕食"，一种不声不响的方式，攻占一城一地，逐步扩大市场，实现开疆拓土的远大目标。

第四章　核心价值，独特魅力

1. 核心战略行动：塑造企业核心价值

　　企业经营过程中一般会碰到三种不同的问题：日常性问题、技术性问题、变革性难题。从笔者的观察来看，绝大多数企业做的都是日常事务和解决技术性问题，当企业开始思考跨越周期的时候，就需要面对变革管理，变革性的难题就会浮现出来。而能够领导企业变革的人，必然是一位战略领导者，战略领导者和一般经营者不同，他们做事是价值观导向的，这是企业做大做强的人文底座。核心价值解决的问题，能够告诉企业员工和社会，这个企业为何存在，为谁奋斗的企业哲学问题。

　　战略领导者会在企业发展早期就明确企业的方向和目标，解决"为何而战"的问题，尤其对于企业的管理层而言，需要有深度认同企业价值观的坚强领导者才能够胜任。价值观领导者能够为企业设定清晰、一致的价值观体系，这些价值观不仅指导企业的日常运营，还为企业长期发展指明了方向。它们帮助企业成员在复杂多变的市场环境中保持定力，确保所有决策和行动都与企业愿景和使命相契合。

　　关于"为谁而战"的问题，企业在面临重大决策时，价值观领导者会优先考虑企业的核心价值观，确保决策不仅符合经济利益，也符合道德和社会责任。这种基于价值观的决策方式有助于避免短视行为，提升企业的长期竞争力和可持续发展能力。

每一个做大做强的企业，其背后都有几次深刻的"文化自新"的变革行为。华为前董事长孙亚芳领导的华为市场部大辞职事件，是华为发展历程中一个具有里程碑意义的事件，深刻地改变了企业的组织形态，也是打造一个有企业哲学指导的超级战斗力组织的变革行动，更是企业战略管理领域的典型案例，值得战略管理者深度思考组织的发展哲学和逻辑。

华为的早期阶段，也经历过乱哄哄的管理阶段。1996年，华为成立已9年，市场业绩不断提升，市场组织不断壮大，员工队伍从数十人增加到了数千人。然而，随着公司规模的扩大，管理上的混乱和山头林立等问题逐渐显现。那个年代，人员出差交通与信息流通都不像现在这么方便，加上管理干部的思想观念和能力跟不上公司从农村市场向城市市场发展的形势需求，任正非意识到队伍再这样发展下去会出乱子。

任正非与时任华为市场部负责人孙亚芳商量后，决定进行一场内部整训，以激活市场组织，提升管理干部的能力。于是，从1995年年末开始准备，任正非在1995年11月的讲话中提到了市场部正职干部需要提交述职报告和辞职报告的要求。接着，1996年春节前，华为所有市场部干部向公司总部提交了一份辞职报告和一份述职报告。这两份报告中，公司会根据组织改革后的人力需要，批准其中一份。孙亚芳带领团队的26个办事处主任同时向公司递交两份报告，由公司视组织改革后的人力需要，具体决定接受每位递交报告者的哪一份报告。这一过程中，有三成多的干部被淘汰，包括市场部总裁也被连降数级。

市场部大辞职事件在华为内部引起了巨大的震动，但也在一定程度上激活了市场组织，提升了管理干部的能力和竞争意识。许多员工在这次事件中表现出了对华为事业的忠诚和牺牲精神。

这一事件在业内引起了轩然大波，摩托罗拉等竞争对手的高管对华为的做法表示惊讶和不解。然而，华为通过这一事件展示了其勇于自我革新、不断追求卓越的企业文化。

市场部大辞职事件为华为后续的组织变革和国际化战略奠定了基础。它推动了公司干部大调整的行动，使人们不会感到精神上的失落；同时，它也把本来可能产生的阻碍因素转化为动力，为华为的持续发展注入了新的活力。

价值观领导者明白，如果企业不进行价值观整合，那就是一个草台班子，要想成为正规军，就需要彻底告别占山为王的状态，而且，队伍大了，变革不及时，人性的惰性和弱点就会暴露。在面临挑战和危机时，坚强的价值观领导者能够带领企业成员保持冷静和坚定，以共同的价值观为指引，寻找解决问题的途径。他们通过积极沟通、激励员工和寻求外部支持等方式，帮助企业渡过难关，实现逆境中的成长和发展。共同的价值观是企业文化的核心，能够激发员工的归属感和忠诚度。当领导者身体力行地践行这些价值观时，员工会感受到强烈的认同感，从而更加紧密地团结在一起，形成强大的团队合力。这种凝聚力是推动企业持续发展的重要动力。

价值观领导者不仅坚守传统价值观中的优秀元素，还勇于推动创新和变革。他们鼓励员工敢于尝试新事物、挑战现状，以开放的心态和创新的思维推动企业不断向前发展。这种创新和变革精神是企业保持竞争优势的关键所在。

很多中小企业经营者不理解价值观这个形而上的抽象体系，觉得没有用，看不见摸不着不能当饭吃，其实，这是对于价值观管理的误解。企业的价值观通过领导者的言行举止传递给外界，形成独特的企业形象和品牌。一个拥有坚强价值观领导者的企业，往往能够赢得社会的广泛认可和尊重，从而吸引更多优秀人才和客户，为企业发展创造更多机遇。前文已经表述过，现在的客户，不仅在为产品买单，也在为企业的精神气质买单，奋斗者和活力四散的组织，会显现出独特的魅力。

2. 企业价值观影响力思考及策略指引

●确定企业价值观，引领企业发展

一个企业需要"精气神"，将"打胜仗"变成一种信仰。如何塑造企业的"精气神"，从笔者的视角来看，在中国市场经济比较活跃的长三角区域，很多企业的领导者将事情还是做得太"实"了，他们在产业层面和产品层面做事精益求精，产品性能和质量放在全世界任何一个地方，都很有竞争力。但问题多数出现在运用价值观影响力去建立企业独特的叙事结构，因此，很难获得超级溢价能力，这是一种小遗憾。

确立企业价值观看似比较容易的事情，其实就是一部战略文本。但其背后其实大有玄机。企业价值观的形成需要建立在广泛共识的基础上。这种共识不仅仅是高层管理者之间的，更重要的是要深入到企业的各个层级，包括中层管理者、基层员工，甚至包括企业的合作伙伴和利益相关者。只有当企业价值观得到大多数人的认同和支持，它才能成为引导企业行为、凝聚人心的强大力量。

企业的价值观不是管理者在大班椅上拍脑袋想出来的，价值观管理是战略管理的核心环节，是企业初心的体现，看似几句话的战略文本，却凝聚着企业所有经营行动的准绳。用一句话概括，价值观战略文本是企业的顶层叙事，也是企业的事业学说。

企业价值观的形成是一个全员参与的过程。这意味着，在制定和提炼企业价值观时，需要充分听取各个层级、各个岗位员工的意见和建议。通过召开座谈会、问卷调查、意见征集等方式，让员工有机会表达自己的看法和期望，从而确保企业价值观能够真正反映员工的心声，增强员工的归属感和认同感。有统一思想愿望的战略领导者会将战略文本形成的过程，当成自己做一次"汉武帝+董仲舒"的机会，将共识过程变成一种管理过程，从而将企业变成一个有魂魄的企业。

企业价值观的形成不是一次性的工作，而是一个持续性的过程。随着企业的发展和外部环境的变化，企业价值观也需要不断地进行修订和完善。因此，企业需要建立一种机制，定期回顾和评估企业价值观的执行情况，及时发现问题并进行调整。同时，还需要通过培训、宣传等方式，不断地向员工灌输和强化企业价值观，确保它能够深入人心、指导行为。拥有才能，而有心往一处想的组织，是有战斗力的组织。核心价值观应该具有强大的引领作用，它能够激发员工的积极性和创造力，引导员工朝着共同的目标努力。

价值观学习是企业战略治理的基础工程，不能开玩笑，不能从这个步骤跳过去直接进入业务，至少管理层需要是价值观的忠实执行者。在价值观认知的基础上，明确企业的核心价值观和自身作为领导者的价值观导向，才能确保在决策和行动中始终保持与价值观的一致性。初心不变，企业就能够沿着共识路径一直发展下去。

●传递核心价值观，赢得客户认同

对于企业战略运营的架构分析，长江商学院吴小卫提出了一个关键词"价值外生"。这个词语继承了管理学的一些假说，同时又给出了新的假设，即企业是一个生产服务中心，企业内不再存在老板，权力已经转移到客户手中，和客户以及价值链上一切相关者实现共生、互生和再生，是未来之道。

企业想要获得客户的认同，就需要展现出价值观领导力，实现从企业价值到客户生态价值共创模式的转型。

在现代商业环境中，企业的价值不再仅仅依赖于其内部资源和能力，而更多地依赖于其与客户及外部生态系统的互动。这种转变要求企业重新审视自身的价值构成，跳脱出以企业自身为中心的经营思路，将客户生态视为企业发展的核心动力源泉。

企业的价值观不能只代表自己企业一小撮人的利益，而是整个客户生态之中所有利益相关者的利益，这对于股份制公司的治理结构形成一定的冲击，但这是当下市场经济发展的现实。想要对于企业外部庞大的资源进行互动式治理，就有很多事可做。

在过去的企业经营理念中，企业的核心价值通常围绕其内部资源、市场占有率及其盈利能力进行分析。然而，随着市场的快速变化和全球化的不断深化，客户的需求和偏好也变得更加多样化。传统的以产品为导向的经营策略逐渐失去了效力，企业必须重新评估自己的价值，尤其是如何更好地融入客户生态中。笔者觉得现在大面积的企业陷入了困难，原因还处于"企业是为一小撮人发财"的封闭认知中。

客户生态系统的概念强调了企业与客户之间的互利关系，它不仅是一种简单的供需关系，更是一种协同进化的关系。客户的需求和企业的产品或服务相互作用，共同塑造着一个动态且不断演变的系统。在这个系统中，客户不仅是消费者，还是企业创新的推动者和价值创造的参与者。因此，企业的成功与否，不仅取决于其产品或服务的质量，还取决于其在客户生态中的定位和影响力。

另外，我们再次深入思考，就会发现战略系统本身也需要重新定义，企业的价值并非静态，而是通过与客户的持续互动和反馈，不断被重新定义和创造。企业可能在某个时间点失去部分客户，但只要企业能够持续适应市场变化，并通过创新不断满足客户的需求，其生态系统便能持续生长和演化。因此，企业的长久生存不仅依赖于内部资源的积累，还在于如何与外部客户共同构建一个可持续的生态系统。

●以核心价值观为导向，制定决策

基于价值观的决策，笔者想举一个中国的企业群体案例。如何在"生态领导者"这个身份之下，用价值观来处理公司组织生产关系。

来自深圳城市产业研究的管理学者佟景国曾写了一本书叫作《深商你学不会》，他在书中指出，数十年来支持中国企业变革的一个重要理论就是补短板思维，也就是哪块差了做哪块，这就造成了企业管理资源的极大浪费，推高了运营成本。所以现在许多企业意识到，与其用补短板思维促进落后板块，不如专注发挥长处，让长处更长。

例如，深圳企业中无论是老企业万科、华为、华润、招商，还是新企业光启科学、大疆无人机、华大基因，全都是扬优势而非补短板。相反，那些发展失败、倒闭的企业则一直是在补短板。由此，佟景国得出了企业的颠覆性结论：补短板思维坑死人，与其补短板，不如尝试股份代偿模式，可能会收获意想不到的效果。

出让大额股份，也就让出了绝对的话语权，这是企业经营的常识，这对于很多企业家来说是很痛苦的一件事情。在看待很多深圳企业家在企业中并不占据绝对控股权的时候，他们想不通，自己打下来的江山为何要给了外人，自己想着企业一定是要给自己儿子孙子的。这其实就是观念分野的问题，也是一个哲学问题，是共赢还是独赢的人生哲学在指导人的行为。

很多深圳的企业家将企业的股份分散到上下游的产业链中去了，要么将股份分散给了员工，这种模式的背后，需要企业经过深度思考，经过了内心的"天人之战"，在选择做大富豪还是做大事业家方面，他们选择了做大事业家，也就是让企业变成人才的一种"聚义"行为，自己成为那个最有影响力的召集人。

这就是基于价值观的决策，基于对于人类企业组织结构的深度理解之后，找到的战略突破之路。战略生态领导者是企业发展的新角色。面对非常复杂的外部环境，企业只有开放边界，让关键人才能够走进来，成就他们自己，这就是高明的战略设计。

　　在这种背景下，企业的战略领导者需要从传统的企业管理者角色，转变为战略生态领导者。战略生态领导者的任务不仅是关注企业的内部管理与盈利，还必须深度参与到客户生态的建设和维护中，完成对于整个价值链的治理。

　　成为战略生态领导者意味着企业需要具有更大的远见，不再仅仅追求短期的市场占有和盈利，而是追求与客户共生的长期可持续发展。企业与客户之间的关系，不再是简单的买卖关系，而是共同创新、共同进化的合作伙伴关系。

　　企业需要与客户建立起信任和认同感，了解客户的需求、期望和价值观，只有这样，企业才能在激烈的市场竞争中脱颖而出，很简单，战略管理者必须和具备同样胸襟的人展开战略合作，两个"鸡贼"的人，一定会相互算计，最后忘记了世界是大市场。在客户生态中，企业与客户共同创造新的市场机会和商业模式，这些创新不仅能带来直接的经济收益，更能为企业和客户双方提供长期的竞争优势。笔者接触过一个案例，一家企业专家会主动站出来辅助战略客户去做五年规划，并在这样的规划里绑定双方的关系，短期之内加班加点给客户办事，没有收益，但是却买到了未来五年的伙伴关系。

　　在一个健康的生态系统中，多样性是维持系统活力的关键。企业需要不断推出新的产品和服务，与客户共同探索新的市场和机会，进而维持系统的繁荣。基于价值观的开放性，合作者彼此信任，一旦碰触到某种生态性机会，大家就会抱团去投资。在常州的新能源产业投资领域，笔者看到了生态型投资的力量，在深圳和硅谷，其实也是同样的生态资本运营逻辑。

第五章　品牌塑造，形象提升

1. 核心战略行动：打造强大品牌社区

在本书中，笔者想和读者讨论的主要问题，就是在数字智能化条件下，企业如何去理解新的品牌规律，将品牌当成企业关键资产去运营好。

笔者对于数字智能化时代的品牌有自己的一些理解，这是在做战略咨询过程之中总结出来的一些认知，在这个信息爆炸、消费者主权日益凸显的时代，品牌不再是单纯由企业塑造的静态符号，而是成了由无数用户口碑汇聚而成的动态网络，一个活生生的、不断进化的生态系统。笔者希望读者能够记住一句话：品牌不仅仅是一个符号，现在已经是活在用户群里心智之中的一个鲜活的、同频共振的生命体。

飞利浦·科特勒，作为营销领域的泰斗，他说："用户是品牌大使。"在探讨"用户是品牌大使"这一深刻理念时，我们不得不深入剖析其背后的逻辑与影响，以及这一观念如何重塑了现代品牌建设的版图。其提出的这一观点不仅是对传统品牌理论的一次革新，更是对当今消费时代本质的精准把握。

用户成为品牌大使，这是一个新的基础假设。意味着品牌的价值不再仅仅取决于广告宣传、产品特性或价格策略，更重要的是用户在使用产品或服务后，基于个人体验所产生的正面评价与传播。这种自发的、真实的口碑传播，其力量远超任何精心策划的营销手段。正如有语所云："金杯银杯不如老百姓的口碑。"在社交媒体高度发达的今天，一个满意的用户可能通过微博、微信、抖音等平台，瞬间将正面信息传递给成千上万的潜在消费者，形成病毒式传播效应。这种低成本、高效率的传播方式，让品牌的影响力以前所未有的速度扩张。

我们必须深入理解人人都是自媒体时代的消费链上的一环，之前，建立品牌的过程，需要认识一种新的东西，这个东西叫自发秩序和群体认知，企业品牌战略管理者需要顺应客户的心智，去小心翼翼地互动，并在互动中获得群体的认可。

品牌口碑的形成，是一种自发的秩序，它不受单一力量控制，而是由无数个体基于共同认知和情感共鸣自然汇聚而成。每个用户都是这个网络中的一个节点，他们的每一次分享、点赞、评论，都在为这个网络增添新的连接和能量。这些看似微不足道的互动，在时间的累积下，逐渐汇聚成一股不可忽视的力量，推动着品牌形象的塑造与传播。

这种自发的秩序背后，隐藏着品牌集体认知的结晶。用户们根据自己的实际体验，对品牌进行多维度、多层次的评估，并将这些评估结果以口碑的形式传递给外界。这些口碑信息，不仅包含了产品性能、服务质量等客观因素，更融入了用户情感、价值观等主观感受，使得品牌形象更加立体、丰满。同时，这些口碑还具有一定的自我筛选和净化功能，只有真正能够触动人心、满足需求的品牌，才能在口碑的海洋中脱颖而出，成为市场中的佼佼者。

品牌社区是一种非常重要的概念，这个社区属于企业客户的网络聚集社区，这是相互影响的交互性网络，无法被企业进行控制和征服，企业品牌管理者只能去影响社区，不能控制社区。和群体打交道，企业一定要小心慎言。

无数小口碑如何汇聚成整体大口碑，这一过程充满了复杂性和艺术性。

首先，需要有一个能够激发用户共鸣的品牌故事或核心价值观。这个故事或价值观必须足够独特、足够有吸引力，能够触动用户的内心深处，激发他们的分享欲望。其次，品牌需要创造一系列高质量的触点体验，让用户在使用产品或服务的过程中，能够产生强烈的正面感受，进而转化为口碑传播的动力。这些触点可能是一次难忘的服务经历、一个精心设计的产品细节、一次情感共鸣的营销活动等。

当这些个体化的口碑信息在社交媒体上流动时，它们会逐渐形成特定的舆论场。在这个场中，相似的声音会相互汇聚，形成更加清晰、有力的品牌形象。而那些与主流声音不符的负面信息，则会在群体压力的作用下逐渐被边缘化或消除。这一过程，既体现了群体主义的集体行为特征，也展现了口碑传播中的自净机制。

战略管理者需要通晓这样的品牌新的管理逻辑，企业可能在市场上销售百万个或者千万个产品，总有一些负面的具体事件出现，让更忠实的用户来自发维护企业品牌形象，形成一个社区的圈层结构，这是进行品牌建设的自组织模式。

品牌建设必须高度重视用户体验，将用户放在核心位置，通过不断的产品创新和服务优化，提升用户的满意度和忠诚度。其次，品牌要积极拥抱社交媒体等新媒体平台，利用这些平台的高效传播特性，加速口碑的扩散和积累。同时，品牌还要学会倾听用户的声音，及时响应用户反馈，将用户的意见和建议转化为品牌改进的动力。

最后，笔者想跟读者们聊一聊数字智能时代的品牌社区建设。按照白话的说法，这里就是企业衣食父母的聚集区，在品牌社区中，消费者们分享共同的兴趣、信念和价值观，通过互动形成紧密的社群关系。品牌社区强调的是品牌超越产品本身的情感连接和共同体验。用户之间的横向互动和分享体验是品牌社区的灵魂所在。

例如，哈雷-戴维森（Harley-Davidson）摩托车的忠实骑行者会自发组织骑行俱乐部，维持共同的品牌信仰。通过这种形式，品牌不仅是产品，而且成了文化符号和情感象征。在全世界任何一个地方，同好者会彼此有强烈的认同感和归属感，觉得自己是社区的一部分。而骑行的姿态和一些装束等，形成了仪式和传统，骑手们能够彼此确认身份，并有维护共同生活方式的道德责任。

在数字时代，企业在建设品牌社区领域应该不遗余力，毕竟，对于品牌的资产估值来说，社区用户群体的大小，在数字社区之中建立的连接，都可以形成资产估值。这对于企业在资本市场和并购交易之中，就是真金白银的价值型资产。

品牌社区的价值就是"用户影响用户"，社区品牌建设应更加注重与消费者之间的互动，鼓励用户积极参与品牌的创新与传播活动，赋予消费者更多的自主性和参与感。品牌不仅提供产品或服务，还需要传递情感价值，通过社区建立品牌的文化和信仰，增强品牌的情感属性。企业应充分利用数字平台，建设线上品牌社区，使品牌能够与消费者保持紧密联系，创造多样化的互动场景，如果有机会，就要展开更多的对话。

品牌社区不仅是品牌的忠实粉丝群体，还是品牌创新和发展的源泉。企业应重视社区成员的创意和反馈，并将其融入产品开发和品牌建设中。在未来，品牌社区将成为企业打造强大品牌资产的重要手段。

2. 品牌资产思考及策略指引

●设计独特品牌识别系统，提升品牌资产价值

在如今的数字时代，品牌管理已经超越了传统意义上的标识和广告宣

传。消费者每天都面临着信息的轰炸，各种品牌争相吸引他们的注意力。在这种"信息过载"的环境下，消费者只需轻轻一滑手机屏幕，便可以从一个品牌转向另一个品牌。这使得品牌的生命周期变得短暂且脆弱，企业如何在数百上千个品牌中脱颖而出，成为领先品牌，已经成为一个巨大的挑战。

要在这片竞争激烈的品牌丛林中占据一席之地，企业必须摒弃过去仅仅依靠标识或单一营销渠道的思路，转而构建一个全渠道和全触点的品牌识别系统。这意味着，品牌不仅要在消费者的记忆中占据一席之地，还要通过新媒体技术，在所有类型的数字媒体上提供一致且有吸引力的品牌表达和互动方式。这不仅是现代企业打造强大品牌资产的关键策略，也是企业在当今数字化环境中保持市场领先地位的必然选择。

单纯的广告和互动广告策略投放效能在下降，因此，它只是品牌资产构建策略工具箱里的一个工具。品牌管理者无法再依赖单一的触点来维系消费者的忠诚，而必须采取一种全面的战略，确保消费者在任何一个媒介平台上都能获得一致的品牌体验。品牌不再仅仅是一个商标或广告，而是一个全方位的、可触及的体验体系，消费者可以在每个接触点上与品牌进行互动，这种互动可能发生在社交平台、电子商务平台，甚至是移动应用中。这就是全渠道和全触点识别系统的构建。企业必须构建一个与消费者生活方式和习惯深度融合的全渠道品牌识别系统。全渠道品牌识别系统指的是品牌在所有可能的渠道和触点中，保持一致的视觉、听觉和情感传达，并通过这些触点与消费者进行互动。

品牌无论是在线下商店、官方网站、社交媒体还是广告投放中，品牌的标识、色彩、字体等设计元素都应该保持高度一致。通过这种一致性，消费者可以快速识别品牌，形成稳定的品牌认知。同时，随着新媒体技术的快速发展，品牌需要通过各种互动方式与消费者保持连接。这不仅包括传统的文字和图片，还应利用视频、直播、短视频等形式，创造更加沉浸式和互动性强的内容。品牌的各个接触点应相互融合，实现无缝连接。

还有，品牌传播和营销系统需要全链路打通，客户在社交媒体上看到品牌广告后，能够直接跳转到电商平台完成购买；在手机应用上浏览过的产品，能够通过推送消息提醒用户折扣信息。这样，品牌与消费者的每次互动都能够带来延续性的体验，从而强化品牌记忆，同时，也不会浪费宝贵的购买决策机会。如果有可能，企业就需要构建私域用户流量池。

私域流量管理和品牌社区的功能有一定的重叠，形成品牌私域社区，事实上，品牌社区是一个动态社区，用户在其中进进出出，构成了一个流动社区。品牌社区鼓励消费者参与产品的共创过程，尤其是在数字化环境下，用户生成内容（User-Generated Content, UGC）已经成为品牌创新的重要资源。在可控的部分场景里，企业可以鼓励客户多为企业发声。

品牌私域社区是企业直接获取消费者反馈的有效渠道。消费者通过社区提出的意见和建议，能帮助品牌快速了解市场需求，调整产品或服务策略。

● 开展品牌推广活动，提高品牌知名度

讲故事是人类实现大规模协作的基础，在品牌战略运作框架中，这是第一定律。在媒介碎片化时代，品牌故事表达成为品牌推广活动的重头戏，原因在于故事可以穿透所有的融媒体，能够附带品牌理念和调性，也能够传达品牌文化和品牌信仰，一流的故事是能够穿屏的。可以加深用户对于品牌的认知与理解。讲好品牌故事是重中之重。

推广活动是为了增强企业的品牌竞争力，并实现更高的品牌资产估值。品牌都有其独特的发展历程和故事背景，这些故事能够帮助品牌在竞争激烈的市场中建立独特的品牌形象，与竞争对手形成区隔。当品牌故事被广泛传播并受到消费者认可时，品牌的市场地位将得到巩固和提升，从而增

强其市场竞争力。具有吸引力的品牌故事能够激发消费者的购买欲望，促使他们主动了解并购买品牌产品。当品牌故事与产品特性紧密结合时，能够进一步提升产品的吸引力和附加值，从而带动销量的增长和业绩的提升。

品牌故事和企业长远发展战略是紧密相连的。很多经营者对于企业品牌的战略价值缺少认知，企业在进行战略变革的过程中，有一个风险较大的阶段，就是产品和服务系统的新老替代过程，品牌故事具备帮助企业"穿越死亡谷"的跨周期价值。即影响力品牌和故事品牌在推出新产品的时候，总是有一批拥趸会毫不犹豫地购买，为企业新业务带来现金流。

企业建立品牌故事，传播品牌故事是一个精心的策划过程，需要企业战略管理者和创意人员的共同努力。

举两个例子，一个例子为知名火锅餐饮品牌海底捞，就曾经出版过一本名为《海底捞你学不会》的书，用大量篇幅讲述了这家企业员工通过服务赢得客户赞赏的故事，品牌故事通过叙述品牌的发展历程、价值观、文化理念等，为消费者提供了一个全面了解品牌的窗口。这种深度叙述有助于加深消费者对品牌的印象，使其在众多品牌中脱颖而出。据统计，这本书的出版为海底捞带来了至少相当于8000万元人民币的推广效益，而且，到今天，还是MBA教授们推荐学生的必读书之一。可见，海底捞的品牌故事通过出版活动，做得很成功。

另一个例子为体育品牌耐克，其创始人菲尔·奈特（Phil Knight）写了一本书叫《鞋狗》，这本书是全球创业者的必读书之一，奈特在书中提出了"鞋狗"这一概念，指的是那些以此为生、精于此道、乐此不疲、革新此业的人。这种精神成了耐克企业文化的核心。奈特和他的团队在创业过程中展现了极大的执着与疯狂。他们不顾一切地追求增长和品质，即使面临破产的威胁也从未放弃。《鞋狗》这本书不仅是一部关于耐克创业历程的纪实作品，更是一部充满激情、执着和疯狂的创业史诗。而这一切的起点，都是菲尔·奈特出于对跑步的热爱。这说明，当品牌故事与消费者的价值观、生活方式或情感体验产生共鸣时，能够促使消费者形成对品牌的认同感，进而成为品牌的忠实拥趸。《鞋狗》这本书已经在全球传播了几十年，对于企业品牌价值观的推广可谓是低投入高产出的聪明之举。品牌故事往往具有强大的传播力，能够激发消费者的分享欲望，从而通过口碑传播、社交媒体分享等方式迅速扩散品牌影响力。

如今，消费者的数字行为不仅仅限于某一个平台，而是跨越多个平台和设备。品牌必须通过融媒体（Omni-media）技术，打破平台和渠道的界限，为消费者提供无缝的互动体验。融媒体的发展为品牌构建全渠道识别系统提供了可能。融媒体不仅指多种媒介形式的结合，还强调内容、技术和用户体验的深度融合。

品牌推广活动需要做一些"战略传播"，不能仅仅固化于推广产品的层面，企业品牌管理者需要向自己的用户社区输出大量高质量的内容，让用户实现"自发性的播传"，这才是数字化时代的比较好的品牌推广框架。

●维护品牌声誉，增强品牌忠诚度

对于现在的品牌管理者来说，面临一个非常大的问题，即保持品牌体验和品牌精神对于年青一代消费者的感召力，品牌在两三年的时间内就需要进行一次换新，这超越了品牌管理者之前的管理框架，其主要原因，就是企业品牌之间的叙事竞争太激烈了。

在当下的品牌市场里，企业需要进行实时的舆情跟踪，这是目前一些大品牌运作商的基本操作方式。在竞争激烈的市场里，一旦出现负面事件，主要竞争对手可能就会通过反向购买流量，放大负面品牌的负面内容。在舆论系统里，有一个常识："造谣动动嘴，辟谣跑断腿。"产业头部的品牌管理者要有竞合意识，在品牌市场里需要建立横向联系的方式，以一种符合商业规则的方式参与竞争。

品牌在长期经营的过程中，需要有足够强的危机意识。在面对负面事件或品牌危机时，品牌社区要能够发挥重要作用。要发动群体的力量，忠实的品牌社区成员往往会自发维护品牌形象，帮助企业解决公关危机。此外，品牌也可以通过社区及时传递官方信息，减轻危机对品牌的冲击。

说完维护品牌声誉，我们回到品牌该做的事情，那就是在增强用户对于品牌的忠诚度。这方面的努力把企业拖入了另一场竞赛，即谁更加懂得客户。在数字智能化条件下，这就推导出"客户关系个性化"的问题。这个设想只有到了互联网时代才有了实现的可能。关系是服务业当中的核心环节，建立一种关系，意味着必须对客户有深入的了解。随着物联网和移动互联网技术的发展，客户的每一个日常活动都会留下数据，都可以进行数字化的分析。这些日常数据，使得企业能够为一个客户进行建模，在自己的客户系统中，建立一个数字人。数字人和现实中的客户形成一个数据映射的关系，企业可以通过数字人来预测客户的行为和需求。这种需求基于精确的数据挖掘和组合，增强企业对于一个个体客户的需求响应能力。这样的关系听起来已经有一点科幻，但是，这已经是一些服务业领域的事实了。

第一点，个性化的内容和通过大数据与人工智能技术，品牌可以更加精准地洞察消费者需求，并提供个性化的品牌内容和服务。例如，在电商平台上，企业可以根据用户的浏览记录、购买历史，为其推荐个性化的产品和服务，增强用户的品牌归属感。

第二点，笔者觉得一定要认识到在数字化智能化时代，对话和互动是根本。在品牌资产的问题上，不是企业独家说了算，要把客户囊括进来，一起完成可持续的共创行为。在数字化环境中，品牌与消费者的互动不再是单向的广告传递，而是双向的，甚至是多向的交流。企业需要通过互动建立起与消费者的情感联系，让消费者不仅仅是被动的品牌接受者，而是品牌的参与者。

企业品牌管理者一定要记住，企业能够发出去的内容是有限的，只有几百万甚至上千万的用户开始帮助企业品牌生产内容的时候，才是真正的品牌运作之道。共创内容的产生，是品牌与客户建立紧密联系的重要方式。

在媒介技术领域，未来的品牌不仅需要通过视觉和听觉等传统方式与消费者建立联系，还需要通过技术驱动的多感官互动，让消费者在触觉、嗅觉等方面也能感受到品牌的存在，从而进一步增强品牌与消费者的情感纽带。

企业要想在激烈的市场竞争中脱颖而出，必须通过融媒体的力量，构建全方位的品牌识别系统，为消费者提供无缝的互动体验。通过新媒体技术，品牌可以在所有类型的数字媒体上与消费者进行多维度的互动，增强消费者的品牌认同感，最终实现品牌的长期价值与竞争优势。

第六章 客户聚焦，需求满足

1. 核心战略行动：以客户为中心

在企业管理的语境中，"以客户为中心"似乎是个耳熟能详的常识，尤其对于战略管理者而言。然而，深入探讨这个概念，其背后的深刻含义和实践方法却并不简单。到底谁是企业的火车头？战略管理者必须要回答这个问题。

这个问题基于一个新的假设，将企业比作一列火车，谁是驱动这列火车前行的火车头呢？按照传统市场规则，企业的大股东和小股东作为企业的所有者，理应承担起企业主要经营责任，并享有最大收益。根据这种逻辑，企业的管理者在运营过程中需始终围绕股东利益展开决策，确保资本回报率最大化。从这一角度出发，股东应是驱动企业发展的火车头，而"以客户为中心"可能只是一种口号，因为企业的主要使命是为股东创造价值，而非直接为客户服务。

如果我们仔细观察，包括那些犯了路线错误的大企业，都有"绝对股东至上"的迷思，并都栽在这样的思维框架里。对此，我们需要对于"员工第一，客户第二，股东第三"背后的思维哲学进行深度思考。

但一部分有自我反省能力的战略管理者，其经营理念逐渐发生了变化。

战略管理者逐渐认识到，客户才是企业持续发展的核心驱动力，管理层的角色从主导者逐渐转变为客户需求的服务者和响应者。这一转变不仅仅是经营方式的改变，更是一种企业价值观和文化层面的深刻转型。客户不再是产品和服务的购买者，而是企业发展的"太阳"，所有经营活动都需要围绕客户的需求展开。管理层作为价值链的服务者，必须适应这种转变，重新思考与客户的关系，构建长期合作的伙伴关系，而不是仅仅停留在一次性的交易层面。

这种客户至上的战略转型，笔者觉得，这是类似天文学史上的"地心说"向"日心说"转变。在传统的企业经营观念中，企业自我中心，围绕股东利益和内部效率展开，像"地心说"中认为地球是宇宙的中心一样，企业往往忽视了外部环境尤其是客户需求的变化。客户在这种传统观念中，处于企业的外围，仅作为被动的购买者存在。然而，随着全球化市场的竞争加剧，客户的需求越发复杂且多样化，传统的"地心说"已无法有效指导企业实现可持续发展。

进入20世纪90年代，企业开始认识到这一问题的根源，战略管理者提出了"以客户为中心"的全新经营理念。这一理念认为，企业的所有行为都应围绕客户需求展开，客户才是企业真正的核心，管理层的任务是确保企业所有的资源和能力都能高效地为客户服务，从而创造出更大的价值。在这种"日心说"的经营模式下，客户是企业的太阳，所有战略规划、产品设计、服务流程等都需要围绕客户的需求运行，企业不再是以自我为中心，而是以客户为导向。

这一转变不仅仅是理念上的创新，更推动了管理学上的一次深刻变革——流程再造。流程再造的核心思想是通过重新设计企业的业务流程，使其能够更好地适应客户的需求变化，提升企业的灵活性和响应速度。在这一过程中，企业的组织架构、资源配置、绩效考核等都需要进行全面调整，以确保企业能够围绕客户需求高效运作。流程再造的实践不仅提升了企业的客户满意度，还使企业在竞争中获得了更大的优势。

在"以客户为中心"的经营理念下，企业不再仅仅满足于识别客户的当前需求，更加关注客户的潜在需求和未来需求。这种前瞻性视角要求企业通过持续的市场调研和数据分析，预测客户需求的变化趋势，并提前为客户提供相应的产品和服务。通过这种方式，企业不仅能够更好地满足客户的当下需求，还能够帮助客户应对未来的挑战，从而构建长期的合作关系。

客户需求的这种双重聚焦，使企业和客户的关系从一次性交易升级为长期合作伙伴关系。这种关系的重构使得企业在市场竞争中拥有了更强的黏性和竞争力。客户不再仅仅是企业产品的消费者，而且成为企业创新和发展的参与者。通过与客户建立深度合作，企业能够获得更多的市场反馈和创新灵感，从而推动自身的持续发展。

随着"以客户为中心"理念的深入，企业管理层的角色也发生了根本性的变化。传统的企业管理层更多地扮演着决策者和控制者的角色，他们的职责在于通过制定战略、管理资源和控制成本，确保企业的内部运营效率最大化。然而，在新的经营环境下，管理层的职责已经从控制转向服务，他们的任务不再是单纯的内部管理，而是如何更好地为客户服务，如何更快地响应市场变化。

这种角色的转变要求管理层具备更高的市场敏感度和创新意识。他们需要时刻保持对客户需求的洞察，通过数据分析和市场研究，了解客户的行为模式和消费偏好，进而为企业制定出更加精准的战略。同时，管理层还需要具备较强的跨部门协作能力，确保企业的各个部门能够高效协同，共同为客户创造更大的价值。

展望未来，笔者觉得，随着数字化技术的不断发展，客户在企业中的角色将变得越来越主动。在传统的商业模式中，客户的作用主要体现在消费环节，而在未来，客户将更多地参与到企业的产品设计、品牌塑造和营销推广等全生命周期的各个环节。企业可以通过互联网平台、大数据技术等手段，与客户进行深度互动，充分了解客户的个性化需求，并根据这些需求进行产品和服务的定制化创新。

战略管理者需要通过转变观念，打破传统的经营思维，将客户置于企业战略的核心位置，确保企业的所有决策和行动都围绕客户需求展开。只有真正做到以客户为中心，企业才能在未来的市场竞争中保持竞争优势，实现长久的成功。

2. 客户需求思考及策略指引

●建立客户反馈机制，及时了解客户需求

战略管理者应该是和客户对话最勤快的人，和客户泡在一起的时间越长，就越能够理解一些隐藏着的需求。听客户的抱怨和赞许，其实就是建立一个反馈系统，客户反馈系统是企业在服务过程中的重要工具，也是企业了解客户需求、制定战略决策的核心。对于快速迭代的企业来说，及时、真实的客户反馈不仅能帮助管理者更好地把握市场脉搏，还能推动企业不断优化产品与服务。一个清醒的战略管理者，听到客户提意见，不但不生气，还会觉得是一次改进服务的机会。因为，反馈系统不仅仅是信息的回传机制，更是企业持续学习、成长和创新的基础。

那些提供建设性意见的客户，应该是企业最亲密的伙伴，那是在为企业的业务系统指明方向，在企业的战略系统里，这样的行为被定义为一种价值共创行为。越是拥有复杂系统业务的企业越需要和客户深度交流，因为，在知识型企业中，反馈系统扮演着至关重要的角色。知识工作者依赖

这种反馈机制，持续改进自己的工作效率与质量。与传统企业不同，知识型企业往往面对的是不断变化的市场需求和技术挑战，因此他们必须快速学习、适应并提升。通过反馈系统，企业内的专业人士就能够及时获取市场的声音，了解产品和服务的优缺点，从而对现有流程和产品进行调整与优化。

笔者觉得，企业下一步该往哪里走，客户的正反馈其实就是一串路标。因此，决策外求已经变成经营的基本方法论。企业的成长与学习不仅仅依靠内部的反思和调整，更依赖外部环境的反馈。客户是企业外部环境中最重要的组成部分，正是他们的意见和建议，推动企业不断进步和创新。无论是通过客服热线、邮件反馈，还是线上用户调研，客户反馈都是企业了解市场需求和改进产品的最直接渠道。其中，真实的反馈尤为珍贵。客户在实际使用产品或服务的过程中，能够感知到企业内部所无法察觉的问题与需求，这种反馈往往是企业战略调整的基础。

真实的反馈对于服务团队乃至整个企业的发展来说，都具有极高的价值。通过客户的反馈，战略管理者能够更加清晰地了解市场的真实需求，做出符合市场趋势的决策。事实上，反馈系统不仅帮助企业发现现有问题，还能引导企业找到未来的发展方向。以客户的真实体验为基础，企业能够更好地优化产品、提升服务质量，并在竞争激烈的市场中保持领先地位。

同时，笔者觉得，有问题马上就要解决，及时反馈也是反馈系统有效性的关键。如果客户的意见无法及时传达并得到响应，企业就错失了一个快速调整和改进的机会。尤其是在当前的数字化时代，企业的市场环境变化迅速，消费者的需求和偏好随时可能发生改变。在这种环境下，企业必须具备快速反应的能力，及时根据客户的反馈进行调整，才能在竞争中立于不败之地。

在服务过程中，企业往往会面临一些"挑剔"的客户，他们可能会提出各种各样的需求和意见，甚至是一些看似苛刻的建议。对于这些客户的意见，企业管理者不应轻易忽视。虽然某些意见可能在当前看来过于苛求或不切实际，但这种"挑剔"背后往往隐藏着企业的成长机会。不做难事，企业没有办法破掉旧局开新局。

企业需要构建反馈系统，要成为工作流程的一部分，成为常态性的工作。在许多情况下，客户并不主动提出反馈，企业需要通过定期的客户调研、售后回访、线上互动等方式，主动获取客户的真实体验和意见。这种双向互动不仅能够帮助企业及时调整经营策略，还能增加客户的满意度和忠诚度。反馈系统是与客户进行深度对话的机会。通过与客户的持续互动，企业能够深入了解客户的需求和期望，从而为客户提供更加个性化的服务。通过与这些客户的深入交流，企业能够发掘潜在的市场需求，进而为产品创新和市场扩展提供灵感。这种深度对话不仅能够增强企业与客户之间的信任关系，还能够帮助企业不断提升自身的市场竞争力。

最后，笔者提出一个忠告，战略管理者必须拥有批判性思维，要警惕说客套话和奉承话的人，虚假的反馈或仅关注积极的评价，可能让企业产生错误的自我认知，进而导致战略偏差。批评性的反馈是企业进步最重要的推动力之一。只有一些业余选手才会独自学习，追求无师自通的境界，然而在复杂的市场环境中，这种行为无异于在黑暗中摸索前行。

●提供个性化服务，满足客户特殊需求

在一次战略咨询活动中，一位上市企业的董事与笔者探讨了企业发展的瓶颈问题。该企业在其专业化的产业赛道上已经占据了很大的市场份额，但由于市场需求逐渐饱和，董事担忧如何进一步扩大市场。这种情况并不罕见，尤其是当企业已经深耕某个行业，并达到了高度的专业化时，市场的增长空间逐渐变得有限。在这种情况下，企业往往会遇到战略调整的困惑：应当继续在既有领域精耕细作，还是选择拓展新的市场？对此，笔者

的建议是:"现在是四面八方都是碎银子的时代,我们需要学会赚小钱。"

从战略层来思考问题,个性化服务意味着企业需要更多的业务场景。宏观经济环境充满不确定性,企业很难再像过去那样通过大规模扩张或垄断某个市场领域来获得巨额利润。相反,许多企业正在通过不断调整战略,探索更为细分的市场,以获取分散但稳定的利润增长点。笔者所指的"赚小钱",正是鼓励企业在维护现有主航道优势的基础上,适度进行多元化发展,进入到新兴领域,尤其是那些与企业核心技术相关联的市场。

笔者所提倡的多元化,并非盲目扩张或进入完全陌生的行业,而是要始终围绕企业的核心技术系统进行扩展。具体而言,企业应当以"离核心技术系统不超过三步"的范围作为多元化的原则。所谓的"核心技术系统",是指企业在其专业化领域中所积累的技术、知识和经验,这些是企业赖以生存和发展的根基。

有限多元化是近些年一些企业提出的战略扩张模型。围绕核心技术系统展开多元化,有助于企业在扩展新市场的同时,避免脱离自身的竞争优势。笔者强调的是"适度多元化",即在确保核心业务稳健发展的基础上,围绕核心技术系统逐步扩展。

提供个性化服务,满足客户特殊需求,其本质就是建立在适度多元化的基础上和客户进行知识融合和价值融合,必须以客户需求为导向,而不是单纯依靠技术驱动。在与客户的互动中,企业应当识别出不同客户的特殊需求,并为他们提供更加精细化的服务。这不仅有助于提升客户满意度,还能帮助企业在多元化过程中,更精准地找到市场机会。在共性的基础上找个性,就是客服服务的方法论。

深度理解客户需求,意味着企业需要在产品和服务层面上,提供定制化解决方案。企业若能够在与客户的持续互动中,准确识别他们的核心需求,并提供具有针对性的服务,就能在市场中占据一席之地。尤其是在高端客户或专业市场中,个性化和定制化的服务往往是决定客户忠诚度的关键因素。

适度多元化发展需要企业具备跨领域的专业知识与经验。因此，在实施多元化战略时，企业应当建立一支具有丰富行业经验的专业团队，以确保在新市场中能够迅速站稳脚跟。

●培养客户忠诚度，实现长期合作

"以客户为中心"的核心内涵不仅仅在于简单地服务客户，而是更深层次的战略思维。这种思维模式强调企业必须把客户的需求和满意度放在首位，企业的一切业务组织、服务流程、产品设计，都应围绕如何为客户创造价值、提升客户体验来展开。

当企业真正做到"以客户为中心"，与客户形成合作后，客户会感受到企业不仅了解他们的当前需求，还能预见他们未来可能的需求。这意味着，企业通过精准的洞察与个性化服务，深入了解客户的业务流程、痛点和目标，提前为他们制订解决方案。当客户在每次合作中都能获得超出预期的服务体验，从而不愿意再去寻找新的合作伙伴。

企业能不能做好这样的基础工作，这考验着企业管理系统是否有效。客户忠诚度的建立并非一朝一夕之功，而是通过企业持续提供高质量、个性化服务逐步积累起来的。客户在选择合作伙伴时，最看重的是该企业能否解决自己的问题、满足其特定需求。因此，企业的服务能力不仅体现在专业技能和解决方案上，还体现在其对客户的深度理解与快速响应上。

当企业展示出比客户自己还要了解其需求和业务的能力时，客户自然会产生依赖感和信任感，这是一个高要求，要看企业组织资源进行服务的能力。企业通过创新、灵活的服务模式为客户定制个性化解决方案，并始终站在客户的立场上思考问题，这种独特的服务能力使得客户在与企业合作时，感受到安全和舒适的体验。因此，客户不再需要考虑更换合作伙伴，因为他们相信现有的合作关系是最优的选择。

企业与客户之间的关系，不应该是单一的买卖交易关系，而应该是一种紧密的生态位关系。这种关系类似生态学中的共生模式：企业和客户通过长期的合作，互相依存，共同成长。在这种共生模式下，企业为客户提供的不仅是产品和服务，而是一种综合的价值输出，这种价值体现在长期合作中的持续改进、创新和服务提升。

通过这种方式，企业与客户的关系从单纯的业务合作升级为一种战略伙伴关系。客户在与企业合作过程中，感受到企业不仅帮助他们解决当前的问题，还帮助他们提升竞争力、实现长远发展。这种共生模式不仅加强了客户对企业的依赖性，还为企业自身的发展提供了源源不断的动力，因为客户的成功也意味着企业的成功。当企业与客户的关系从简单的交易关系转变为共生模式时，双方的合作不再仅仅是以利润为导向，而是基于共同的战略目标和长期发展的愿景。客户在与企业合作过程中，逐渐将企业视为其战略发展的一部分，而企业也通过客户的成长，不断提升自己的竞争力和市场地位。

在这种模式下，企业与客户不仅能够共同应对市场挑战，还能够在长期合作中共同成长，形成双赢局面。

第二篇 从定位到创新

第七章　技术创新，引领潮流

1. 核心战略行动：技术创新的战略管理

企业的战略定位是一个系统工程，价值观定位、战略主航道定位、业务定位和员工定位"四位一体"，在第一篇中，我们主要阐述了这一结构的运作观念和运作方式。接下来我们需要从战略运营的视角看待企业的创新行为。

在彼得·德鲁克的经典理论中，企业的基础功能被归结为两个核心要素：营销和创新。这一观点不仅具有深远的战略意义，而且对企业的长远发展具有现实的指导作用。德鲁克强调，无论何种行业或企业，其成功的关键在于同时拥有两种不可或缺的"基因"：营销基因和创新基因。这两者共同作用，成为推动企业不断前进的双引擎。然而，在实际的企业运营与战略布局中，这两者的关系并非平等，而是存在着明确的优先顺序：营销引领创新。若忽视或颠倒了这一顺序，企业便有可能在战略层面犯下严重的错误，影响其长期发展。

德鲁克认为，企业不能仅凭创新技术或产品本身作为唯一的驱动力，而是需要首先了解市场，找到客户的痛点和需求，然后再有针对性地进行创新。这种由市场需求驱动的创新模式，能够帮助企业更好地适应外部环境的变化，避免盲目创新带来的风险。

我们看到很多技术公司创业失败，原因就在于没有系统地平衡两者之间的关系。典型的失败案例可以参考谷歌眼镜（Google Glass）。作为一项革命性的科技产品，谷歌眼镜集成了虚拟现实、增强现实等前沿技术，最初的概念非常令人振奋。然而，谷歌在推出这一产品时，并未充分考虑市场的实际需求以及消费者的接受度。由于产品设计和功能未能贴合用户的日常使用场景，最终谷歌眼镜未能在市场上取得预期的成功。这一案例警示我们：即便拥有顶尖的创新技术，如果没有营销的引导，创新产品很可能沦为市场上的失败者。

营销管理和研发管理需要统一到一个完整的流程里。营销与创新是企业内部两个看似独立的模块，但实际上它们彼此相互依赖、相辅相成。营销的核心在于识别并满足顾客需求，寻找市场机会，从而为企业带来收入和利润。创新则是通过开发新的产品、服务或流程，以提升企业的竞争力，满足市场上不断变化的需求。

若企业在战略管理过程中，错误地将创新置于营销之前，往往会陷入一种误区，即盲目创新。很多企业在产品研发上投入了大量资源和精力，但由于缺乏市场洞察，最终这些创新产品无法被市场接受，甚至被市场淘汰。

作为企业的战略管理者，必须时刻牢记这一顺序的重要性。管理者的任务不仅仅是推动企业进行创新，更重要的是确保创新方向与市场需求相符。这需要他们具备两方面的能力：一方面要有敏锐的市场洞察力，能够及时捕捉到行业动态和消费者的需求变化；另一方面要有统筹协调的能力，能够在市场需求和创新研发之间建立起有效的沟通机制。

在现代企业管理中，越来越多的企业采取了跨部门协作的方式，将市场营销团队与研发团队紧密结合起来。这样的组织架构不仅能保证创新的方向符合市场需求，还能有效减少企业在创新过程中的试错成本。

在实际操作中，市场调研与需求分析先行，全面了解目标客户群体的需求和痛点。借助建立健全的客户反馈机制，企业可以实时调整创新策略，确保其创新能够满足客户的实际需求。在创新产品正式投放市场之前，企业可以进行小规模的市场测试。企业应打破传统的部门墙，将营销与研发团队紧密结合，形成跨部门的协同工作机制。营销团队可以为研发提供第一手的市场信息，确保创新方向不偏离市场需求；研发团队则可以根据市场需求进行产品的优化和改进。

确保且存在创新管理系统之下，我们再谈技术系统本身的规律。从笔者了解的企业情况来看，很多企业仍然停留在模仿和追随阶段，缺乏对于技术创新和规律的深入理解。主要问题如下：企业往往更关注短期的市场收益，而忽视了长期技术积累的重要性。很多企业为了追求短期盈利，削减了技术研发的预算，导致在技术创新上投入不足。一些企业更多依赖市场营销和价格战，而没有意识到技术创新才是长久发展的动力。技术的进化需要时间和积累，而一些企业期望快速看到回报，因此对长期技术研发和积累缺乏耐心。

技术思想家布莱恩·阿瑟（Brian Arthur）在《技术的本质》一书中提出了很激进但深有其理的简单论断："技术就是经济。"他提出技术是不断演化的，是可以解析的，技术的更新换代需要相应的代价。这是基本规律，要正视技术创新的难度，但也不要被技术复杂度吓跑了。

我们举例来说，智能手机的出现并不是对手机单一功能的改进，而是多项技术集成起来的，如移动通信、触控技术、移动计算等单项技术系统的融合和创新，从而带来了颠覆性的变化。智能手机的内部是由后盖、芯片、电池、液晶显示屏、摄像头、扬声器、听筒、无线模块、主电路板、子电路板、USB接口等组成。这种模块化的设计，其实暗含了技术规律。

在技术发展的过程中，新的技术并不是凭空出现的，而是旧的技术在发展中不断积累的结果。当积累到一定程度时，可能会出现质的飞跃，产生新的技术形态。技术并非静止不变，而是像生命体一样从无到有，从简单到复杂，不断演化。正如生命体在面对环境变化时会通过进化适应，技术也会在不同的市场需求、用户反馈和外部压力下进行调整，甚至产生全新的技术分支。理想的思考模型就是把技术看成一个不断演化的生命体。

依照客户决定营销，营销带动创新的总原则，企业在技术研发和创新过程中，不能孤立地看待某一项技术，而应该看到其背后复杂的技术网络。这也是为什么我们无法简单地判断"是大脑重要，还是手脚重要"，因为它们在技术生命体中是相辅相成、不可分割的。同样，企业在选择技术研发方向时，也应当从整体出发，考虑技术间的协同效应和长远发展。单一技术的强大或许不能为企业带来持久的竞争优势，但多个技术的协同进化，却能为企业构建稳固的技术生态系统。

2. 研发创新思考及策略指引

●组建专业技术团队，提升技术实力

笔者认为，要从整体看局部，研发团队的组建首先要与企业的战略目标保持一致。企业在不同阶段的研发需求不同，可能是在早期通过创新建立市场竞争力，或者是在成熟期通过技术优化提升效率。因此，研发团队的目标必须与企业整体战略相匹配。

战略管理者要组建强大的研发团队，核心在于人才。技术研发不仅需要具备高水平的技术人员，还需要有创新思维、协作能力和战略视野的人才。因此，在人才引进与培养上，需要有一套科学的选拔和发展机制。

在技术团队的构成上，保持多样化非常重要。既要有技术专家，也要

有跨领域的创新型人才。技术专家在某个领域有深厚的积累，而创新型人才能够带来不同的视角，推动跨领域的技术创新。建立内部技术培训机制，帮助团队成员持续学习最新的技术动态。例如，企业可以设置"研发创新奖"或"技术学习基金"，鼓励员工学习和探索新兴技术，为企业的长期技术创新储备人才。国内科技企业和硅谷企业都有鼓励技术专家探索发展的机制，为研发人员创造一个鼓励创新、试错的环境。通过设置"创新项目孵化器"或"技术挑战赛"，鼓励员工自由提出技术创意，并通过试验性项目推进新技术的落地。

为了提升企业的技术研发实力，企业在组建研发团队之后，还需要开放性的技术研发生态。举例来说，华为的技术研发行为就保持了极大的开放性，和全球工程研究型大学实验室展开资助和合作，并且能够共享成果。案例表明，研发团队的力量不应仅限于企业内部，还可以通过外部技术资源的整合来扩展技术实力。通过构建开放的技术生态，企业可以与高校、研究机构和其他技术公司进行合作，获取最新的技术成果和创新思路。

企业可以通过技术联盟、联合实验室或产业链合作等方式，与外部机构共享研发资源。例如，定期组织技术交流会或技术共享平台，邀请外部专家与团队讨论技术发展方向。我们常常看到，一些大企业会邀请全球知名科学家来企业授课，以开阔研发团队的技术视野。

在某些特定技术领域，企业可以通过收购或孵化外部创新团队的方式，快速增强自己的技术实力。例如，收购一家拥有前沿技术的初创公司，或建立内部孵化器，孵化外部创新项目，都是增强技术实力的有效手段。

当然，企业内的研发团队和大学实验室研发团队的目标是不同的，企业的研发是工程技术领域，需要变成成果，然后变成产品的。因此，研发团队需要研发绩效考核与成果转化，这是一个硬指标，研发团队一切工作都需要符合这个指标，即能够增强企业的技术能力。

考核研发团队的标准不应仅局限于技术创新的数量，而应更多关注其技术成果的实际应用和市场化程度。设置与业务目标挂钩的考核指标，例如，技术对产品竞争力的提升、技术创新带来的成本节约等。

在考核中要允许适当的试错，鼓励团队进行技术创新。如果一个研发团队总是追求安全、不愿尝试新技术或创新，那它的发展潜力将受到限制。因此，研发管理中需要建立一定的容错机制，鼓励合理的技术试验，即便这些试验并未成功。任正非说，华为60%的研发经费并没有获得成果。这就说明研发还是一个风险事业，即使在完善的管理体制下，还会有大量的项目没有出成果。但对于探索者来说，成败都是路标。

研发团队的绩效考核不仅要关注短期的研发成果，还要考虑长期的技术积累与创新潜力。企业需要建立一套合理的研发考核体系，确保团队的研发成果能够真正为企业带来价值。

在战略层面，组建专业技术团队的关键在于研发行为与企业战略目标的深度绑定，研发流程的系统化与灵活性，以研发团队的多样化与协作文化。通过建立合理的研发管理体系、持续培养人才、强化客户参与，并与外部技术资源协同，企业可以有效提升自身技术实力，为长远发展奠定坚实的基础。

●关注前沿技术，进行跟踪超越

在技术型公司里，需要一个跟踪全球技术大屏幕，让每一个战略管理者能够实时看到，在技术型企业中建立全球技术跟踪系统，有助于提升企业的研发效率和战略决策能力。中国很多技术驱动型企业正是这么干的。

在全球化的竞争环境中，技术的演变速度极快。通过实时追踪全球的技术进展，企业可以快速了解各个地区的技术突破，掌握最新的科技发展趋势。全球技术跟踪系统能够帮助企业打破信息壁垒，实现信息对称，确保企业在技术创新和应用方面不会落后于竞争对手。企业也能够通过这一系统，及时发现潜在的技术革命性突破，提前进行技术储备，避免在关键技术上落后于行业发展。

技术跟踪是常态化的管理行为。不仅是获取信息的手段，更是为企业高层战略决策服务。管理层通过全球技术动态，能够更精准地做出研发方向的判断，并优化研发资源的分配。技术进化树的呈现能够帮助管理者从全局视角洞察技术的发展方向，判断哪些技术具备未来潜力，从而决定是否跟踪或者投资某些技术。通过实时跟踪全球技术动态，企业可以避免在过时或低效的技术方向上浪费研发资源，而是将人力、物力和资金投入到真正有前景的技术领域中。由于技术跟踪能够帮助企业及时识别可能的失败案例，企业可以避免在无效技术上投入过多的精力和资源，进而降低研发失败的风险。

技术领域有一个率先的概念，研发团队和战略管理者除了要自己努力，最重要的能力还是在全球视野内慧眼识珠。通过全球技术动态的追踪，企业可以提前布局新兴技术领域，抢占技术创新的制高点。这种前瞻性布局能够帮助企业在行业竞争中占据领先地位。某个关键技术在全球范围内刚刚突破，企业可以率先引入并在应用层面进行深度开发，从而在市场上获得技术优势。微软 Windows 视窗的原始创意就是观察来的。如果企业能够率先掌握并应用某项技术，那么它有机会参与甚至主导该领域的行业标准制定，进一步巩固自身的行业地位。

全球技术跟踪系统的建立，可以避免内部技术团队的自满，培养企业内部技术敏感度，建立差距对比机制，知道自己几斤几两。让研发团队实时关注全球的技术动态，能够促使他们拓宽自己的技术视野，不再局限于本企业的内部研究。这种技术敏感度的培养，有助于团队成员更具创新思维，激发他们在技术上的突破。这种信息透明和开放的环境，还能够形成企业内部的技术文化，鼓励员工时刻关注全球技术发展，并将其应用到实际工作中，提升整体创新能力。

跟踪是为了合作。通过全球技术跟踪，企业不仅仅是获取信息，还能通过这种信息流动与全球的技术创新者、科研机构形成更加紧密的互动与合作。企业可以通过追踪到的技术突破，主动与外部技术持有者进行合作，提升研发效率。这能够帮助企业发现潜在的合作伙伴，无论是学术界的科研机构，还是技术型的初创公司，都可以成为企业在研发和创新上的盟友。

●引入创新机制，保护知识产权

组建研发团队，比外界认知要复杂，研发什么？怎么研发？如何保证研发团队的工作效能？这些都是问题。确保研发出成果，为企业战略发展提供动力引擎。

在战略规划方面，企业研发的方向和节奏要与市场变化同步。企业需要在技术战略上保持敏锐性，提前识别行业趋势，设置短期、中期和长期的研发目标，确保技术开发不仅满足当前需求，还具备前瞻性，能够引领未来的市场和技术变革。

研发工作应围绕企业的核心业务展开，确保研发成果能直接推动业务增长和市场扩展。为了达到这一目的，可以考虑在研发团队中设置"战略技术规划师"或"业务联络员"，使研发团队和业务部门保持密切沟通。

研发部门团队需要提升研发团队的效率，制定合理的研发流程至关重要。这包括从创意产生、技术调研、原型开发到产品迭代的全流程管理，同时要在此过程中保留足够的灵活性，以应对技术创新和市场变化。

研发需要纪律，企业是个营利组织，需要时刻保持头脑清醒。部门需要设置明确的技术开发流程，确保研发工作有条不紊地进行。比如采用敏捷开发方法，将研发工作分阶段执行，每个阶段有具体的输出物，什么时候出原型，什么时候出测试版，什么时候出最终产品，都需要有完整的研发规划和过程管理。

研发过程需要遵循一些技术系统发展公认的原则，研发行为不应孤立进行，而是应与企业的其他部门密切配合，尤其是与市场和客户紧密结合。让客户参与研发流程，不仅能够确保技术需求的准确性，还能增强市场适应性和用户体验。研发团队可以通过与客户保持实时互动，确保技术和产品开发契合用户需求。通过构建"客户反馈循环"，在产品开发的早期阶段就可以获得用户的反馈，从而调整研发方向。

创新研发活动是企业总体运作流程的一部分，需要跨职能团队协作，并且成为一种管理机制。研发团队应定期与市场、销售、运营等部门沟通，确保技术研发工作符合市场需求。鼓励跨职能合作，如设立"研发—市场联席会议"，定期交流产品开发的进展和市场需求变化，避免研发与市场脱节。

创新研发流程需要足够的灵活性，能够根据客户需求的变化进行快速调整，当市场环境变化时，研发团队可以迅速响应，调整技术方向或加快某个产品的开发。建立面向客户的迭代管理机制，在产品创新层面，遵循"新技术使用不超过30%"的原则。控制新技术的应用比例，能够有效降低技术风险，避免全盘使用新技术导致不必要的研发瓶颈或技术不可行性。

削减研发成本，专注于短期利润，是管理者最爱干的事情。战略管理者对于研发的支持非常重要，在一些人眼里，研发是工具，而在一些人眼中，研发是命脉，是由企业的技术基因决定的。从战略管理的角度来看，"战略研发预算"对企业创新和可持续发展至关重要。将战略预算用于支撑创新研发，能够形成长期而稳定的技术积累和竞争力优势，避免企业在短期经济波动中削弱研发投入，进而影响未来发展。

创新研发是企业长远发展的核心驱动力，但它往往需要大量资金投入和较长的回报周期。许多企业在面对短期经济压力时，首先削减的就是研发经费，这对创新能力产生了严重影响。通过设立战略研发预算，企业能够确保研发投入的持续性，不因短期的财务困难而中断技术创新。持续的研发投入有助于企业在技术上形成"护城河",即独特的技术壁垒和优势。这不仅提升了企业的竞争力,还使得企业在行业中保持领先地位,即使面对经济波动也能依靠技术创新保持市场份额。

战略研发预算可以帮助企业在资源有限的情况下,确保关键的技术和创新领域获得优先支持。这是一种资源分配机制,能够集中力量在最有潜力的创新方向上,避免资源分散导致研发效率低下。企业可以根据市场变化和技术发展趋势,动态调整战略研发预算的分配,优先支持那些对未来至关重要的技术。面对产业转型或新兴技术的崛起,企业可以通过战略预算加大对相关技术的研发投入,提前布局未来竞争。通过战略研发预算,企业可以对研发项目进行评估,重点支持那些具有重大潜力的技术,提升研发投入的效率,避免在短期无效的项目上浪费资金。

通过持续的研发投入,企业能够开发出具备未来增长潜力的新产品和技术。即使在短期内看不到直接回报,这些研发项目能够为企业的长期增长打下基础,确保未来的市场份额和利润增长。

有了知识成果,就需要建立全面的知识产权管理机制,以捍卫企业的资产权益。在知识经济时代,知识产权成为企业最重要的战略资产之一,它直接影响企业的竞争力、技术创新和市场份额。企业可以建立完善的内部管理制度,通过分级管理和信息隔离等手段,确保只有必要的人员接触到核心技术和商业秘密。通过技术措施,如加密、访问控制等方法以及法律手段,如补偿性竞业禁止协议,防止关键员工或合作伙伴泄露或带走企业的技术秘密。

企业应根据自身的业务发展和技术创新,制定中长期的知识产权战略,包括专利申请规划、商标注册策略以及商业秘密管理等。通过合理的专利组合,企业可以在技术上建立壁垒。例如,一项技术可能涉及多个专利,企业可以通过申请相关的多个专利来防止竞争对手开发替代技术或绕开单一专利。企业如果计划国际化发展,应当提前进行知识产权布局,申请国际专利和商标保护。

企业可以通过专业的知识产权监控服务，实时监控竞争对手的专利申请、商标注册和市场产品，发现潜在的侵权行为。企业在进行专利或商标授权时，应该签订详细的授权合同，明确使用权限、范围和费用，以避免纠纷。

保护知识产权不仅仅是法律层面的工作，更是企业在知识经济时代保持竞争力的战略手段。通过建立完善的知识产权保护机制，企业不仅能够保护自己的创新成果，还能够通过专利授权、品牌影响力等方式获取额外的商业价值。因此，企业在技术创新的同时，应当将知识产权视为核心资产，进行全面保护与管理，确保其在市场中的竞争优势。

第八章 产品创新，满足期待

1. 核心战略行动：不断推出新产品

战略管理者向来注重产品，不仅注重产品本身，还注重产品背后的战略运营系统，他们思考的问题，就是我如何才能够跳出产品的生命周期，不断优化迭代，让产品变成一个适合市场需求的高质量产品流呢？很多中小企业的教训，就是只能赚一个产品寿命周期内的钱，企业没有持续地更新迭代产品的能力，这就是产品战略管理的缺失。

一个企业要在市场上不断推出适销的新产品，必须在创新、市场洞察、研发、运营等多个层面进行系统化的管理和战略规划。毫无疑问，这又是一个管理领域的系统工程。

在前文中，我们已经说明了调研的重要性，用户调研、竞争对手调研和趋势洞察是根本，企业需要站在整个产业生命周期的基础上去实现认知提升。深入了解用户的需求、偏好以及对现有产品的意见。通过竞品分析可以为企业提供参考，避免重复性创新或市场的激烈竞争。通过对新兴技术、消费者行为变化、政策变化等因素的分析，企业可以把握市场机会，推出符合未来趋势的产品。

战略管理强调机制构建，不要总是盯着产品本身，而是要盯着"不断推出新产品的机制和能力"。对于可持续的产品创新机制，需要执行"以用户为中心的产品设计模式"。新产品必须满足或超越客户的期望，企业应采用以用户为中心的设计理念，确保产品能够解决客户的核心需求。

产品设计和开发要从用户需求出发，考虑功能、易用性、外观等方面的平衡，避免过度依赖技术创新，而忽略了客户的实际需求。不要自己去感知自我满足，要让客户去感知和体验，技术很重要，但客户的体验更重要。企业在设计新产品时，应该特别关注用户体验。良好的用户体验不仅能提高用户满意度，还能增强产品的市场竞争力。因此，开发原型然后迅速拉用户进来测试，通过快速迭代原型和小规模用户测试，企业能够及时收集反馈并做出调整，确保产品能在发布前解决潜在问题。

在前文中，我们已经说明，战略的核心是取舍和选择，对于产品领域，也遵循着同样的规律，企业战略管理的第二个管理工具，就是产品线管理，这不仅是产品经理的事情，也是管理者需要直接管理的事情。企业想要产品绵延不绝，就需要认真做好产品线优化管理。

产品线生命周期管理是一个非常完整的思维模型。彼得·德鲁克说："一个产品进入市场的时候，就需要有自己的退出时间表。"企业管理者通过分析产品的生命周期，什么时间是引入期、什么时间是成长期、什么时间是成熟期、什么时间是衰退期，就在四个问题的自我设问之中，找到前后产品衔接的时间点。这不是难事，但背后需要复杂精细的产品管理规划能力，很多现在在市场新发布的产品，可能在五年前就规划清楚了，中间会有因市场变化和客户体验的调整，但产品规划是一个基础管理工作，必须做好。企业可以预测市场趋势，并适时推出新产品替代或升级现有产品，保持竞争力。

企业的产品线有时候还不止一条，而是多元化的产品组合，这种复杂的产品系统，如果没有完整的管理体系，一定会乱作一团。因此，这些企业需要引入IPD这样的集成产品开发工具。保持不同产品线上的产品能够基于企业主航道里提供的技术模块和零部件，其中70%以上都是通用件，能够帮助企业快速去完成产品开发，本书不想就IPD工具展开说明，这需要一本书才能够完成的文字量。比如说手机和平板就有70%以上的器件是通用的，在开发一款手机的过程中，平板开发就变成了节省成本和时间的产品线规划行为。企业可以根据市场需求，开发出不同版本的新产品，如高端版、低价版等，满足不同层次的用户群体。这不仅能提高市场占有率，还能减少单一产品失败的风险。另外，企业可以围绕核心产品开发相关服务或配件，增加客户黏性并拓展新的收入来源。例如，推出延长保修、个性化定制服务等。

持续的产品开发过程，还包括大量的产品创新行为。企业要持续推出适销产品，必须拥有强大的创新文化和支持性的团队。每一次的产品发布，都需要有让客户眼前一亮的东西，这是开发的基本要求。而这"眼前一亮"的技术体系，则需要技术研发团队长达数年的埋头努力。

战略管理者会主动推动产品创新，即使每一代产品只改进一点，也是必要的工作。在一个完整的产品周期里，需要将一种产品开发到极致，才是产品经理项目的工作责任。企业会通过奖励机制、专利激励等方式，鼓励员工创新。建立包容失败的企业文化，减少创新过程中的心理负担。因为创新而面临失败受到指责的事情，需要战略管理者的有意庇护。当然，战略的本质是确保为赢，但面对模糊的未来，还是需要宽容的文化。

源源不断的产品系统需要人才团队的努力，吸引并培养具备市场洞察和技术创新能力的人才，特别是拥有跨领域知识的复合型人才，他们能够更好地推动企业的产品创新。产品开发的过程，也是人才资本的积累过程，企业需要成为学习型组织，提供定期培训，帮助员工保持对市场和技术的敏感度，提升产品设计、研发及营销能力。让企业一切行动都连贯起来，这是战略管理的要义。

2. 新产品思考及策略指引

● 了解客户需求变化，及时调整产品策略

在新产品开发过程中，管理者需要完整系统的开发思想，需要基于企业的资源盘点结果，认识到企业的能力和局限性，在加入创新元素的过程中，需要和企业整个系统的运营能力相协调。其中，"继承式创新"在企业的发展过程中扮演着很重要的角色。它能够帮助企业有效利用现有的技术和供应链资源，同时进行渐进式的产品改进，以满足不断变化的客户需求，并开拓新的市场。

在新产品开发体系中，单兵冒进是危险的事情，继承式创新使企业能够充分利用现有资源，降低研发成本和风险。通过优化现有技术和供应链，企业可以更迅速地响应市场变化。这种创新方式避免了彻底颠覆性创新可能带来的高风险，通过渐进式改进，企业能够在熟悉的技术和市场领域内逐步提升产品质量和性能。很多企业管理者对笔者说，为什么某些企业的产品开发能力这么强？笔者和这些管理者进行探讨之后，主要的共识就是这些企业都有完善的产品开发体系，其中，最重要的一点，就是充分利用企业本身积累的资源，步步为营式的开发，可以降低开发风险。

通过小幅调整产品功能或设计，迎合特定行业或市场的需求，比如大疆无人机，就是在一代一代产品的迭代之中，发展出了整个系统技术底座，在此基础上进入一个新的应用市场，相对就容易多了。继承式创新允许产品在原有基础上进行定制和优化，能够更好地满足不同客户群体的多样化

需求。调整某种技术参数或添加配件，以便产品在其他行业中使用，从而扩大市场份额。继承式创新不再局限于技术上的改进，还包括市场策略的调整。

企业需要成为客户响应式组织，建立有效的客户反馈机制，了解产品在现有和新应用场景中的表现，以便于及时调整和优化。采用模块化设计，以便于产品的快速迭代和定制，为不同市场提供更多选择。鼓励技术、市场、销售等团队之间的密切合作，共同探索产品的创新方向和新市场机会。

战略管理不能走错了，这是一种忠告，在数字智能化时代，企业有必要进行数字化转型，推动数据驱动的产品决策，通过销售数据、客户评价、社交媒体反馈等各种渠道获取市场对新产品的真实反映。利用这些数据优化产品、调整定价或改善营销策略。提供良好的售后服务不仅能提高客户满意度，还能通过直接的客户反馈信息帮助企业进一步完善产品。

在数字智能化时代，我们千万不能忽视用户社区的潜在力量。用户社群相当于企业的"近卫军"，企业与用户保持紧密的沟通，建立用户社区，通过与早期用户互动，了解他们的使用体验和改进建议，这有助于产品的后续迭代。敏捷的产品开发流程，可以在企业的用户社区内进行测试完成。

敏捷开发方法论是每一个产品开发经理的必修课，这种秉持快速试错、快速走对路的开发方法，可以帮助企业分阶段发布产品迭代，确保产品能够快速适应市场反馈并及时更新。因为用户社区的可控性，研发、市场、销售、生产等部门的高效协同，都可以贴近社区用户，进行验证，通过建立跨部门协作机制，企业能够确保产品从概念到上市的过程更加顺畅。

基于贴近用户的最小可行性产品验证测试开发，这是很多企业现在都在使用的新产品开发方式。企业可以先推出具有核心功能的最小可行性产品，快速进入市场进行测试，再根据市场反馈逐步完善产品。这样可以降低开发风险，避免过多资源浪费。敏捷的产品开发能够帮助企业快速适应市场需求变化，缩短产品上市周期。

●鼓励内部创新，激发员工创造力

对于战略管理者而言，鼓励内部创新，不能是一句口号，想要内部创新，特别是非研发部门的员工一起来共享知识，这还是一个管理系统应该完成的事情。企业是经济组织，鼓励一个行动，就需要跟随必要的激励系统，当行为和激励系统呈正相关的时候，内部创新就成为企业管理系统的一部分。

在之前，我们的组织管理学说是专家创新，即创新只是创新部门的事情，但后来企业内，很多基层员工都是知识工作者了，在一线工作的人，可能是一个正在学习理解整个企业运作流程的理工博士。因此，"知识管理"和"全员创新"就成为一种新的管理思想了。新的学说认为，鼓励内部创新并激发员工创造力是企业保持竞争力的关键。

知识管理已经成为一些创新型企业的主要管理模式，在这样的模式之下，承认员工是执行者，同时也承认他们是知识生产者，在数字时代，还要叠加一个数据生产者。基于新的角色，需要得到战略管理层领导者的支持，管理层带头创新，展示对新想法的支持和重视，领导者应积极指导和支持创新项目，帮助克服障碍。

战略领导者对于创新和研发活动的理解是理性的，即这些员工内部创新活动必须和成果连在一起。在早年的日本企业管理系统里，在涉及产品工艺改进领域，就有一个全员参与的执行制度，但在文化层面，日式战略管理还是缺少创新文化的参与性，多数情况下都将精力放在产品精细化的层面上，因此，在管理学界看来，日本的创新文化转变为一种精益求精的细节文化，产品极致化大体上也算是一种出色的管理流派。

美式的员工创新文化和日式不同，在产品精细化层面，这不是美国产品文化的长项，但非常善于建立一种开放氛围，营造一个开放和包容的环境，鼓励员工表达想法和尝试新事物。同时，也包容失败，视失败为学习的机会，减少对失败的惩罚，激励员工敢于尝试。美式员工创新有一句很有代表性的话语，来自谷歌："我们不知道未来蕴藏在哪一位员工的身上，因此，我们尊重员工的创造。"

美式管理对于创新文化和激励系统的构建，还是值得学习的一个体系，他们为有创新表现的员工提供更多职业发展机会，鼓励他们继续创新。设立创新奖项或奖金，奖励提出创新想法并成功实施的员工。促进不同部门的员工交流，以获得多元化视角，激发创意。提供创新思维和相关技能培训，提高员工的创新能力。举例来说，Meta企业的办公室就是一个巨大的大开间，人与人之间挨得很紧，员工之间的横向交流和斜向交流随时发生，在可擦写的墙壁上，员工写上自己的难题寻求救助对象的关注，这些都是开放文化和创新文化的一种体现。

这种从文化背景出发的管理思考和实践，得出一个结论，美国企业在颠覆性创新和范式转移方面占据优势；日式管理在产品精细化和执行力方面占据优势。在员工创新的模型里，美国管理模式经常会组建跨职能团队，由不同领域专家组成的团队，共同合作开发新产品。采用灵活的项目管理方式，如敏捷开发，鼓励团队自主决策。每一次创新，都是推倒部门墙的行为。他们善于建立新的工作小组，在一起激辩解决方案，组织头脑风暴会议或创新工作坊，集中激发和收集创意。企业也会提供时间、资金和技术资源支持员工的创新项目实施。比如，谷歌就给员工留下"20%的创新时间"，并在大屏幕上显示内部创新的项目排名。

海尔的"人单合一"模式，正是整合东西方管理模式之长进行的一次管理学的实验，"人单合一"强调将用户需求与员工能力紧密结合，确保产品和服务真正满足市场需求，提升用户满意度。通过众创模式，海尔鼓励员工自主创新和决策，打破传统层级管理，促进灵活应变和快速反应。众创行为促进跨部门和跨领域的协作，集聚多方智慧，实现资源共享与创新，提升整体竞争力。海尔通过反馈机制，及时调整和优化产品与服务，形成持续改进的良性循环，确保企业在市场中的适应性。建立有效的激励机制，鼓励员工积极参与创新，增强归属感和责任感，从而推动整体创新氛围的形成。

● 与合作伙伴共同创新，拓展产品领域

华为公司在设计新手机产品的过程中，并没有完全依赖自身的研发能力，而是与全球顶尖的供应商进行合作。它将自己的设计能力与供应链中各个环节的技术创新相结合，使产品能够快速从概念转化为可行的商业化产品。本书数次提及华为案例，原因主要在于其管理系统具备更好的系统性，跟标杆学习，是一种常态，不代表笔者的偏好。产品创新已经不再是单一企业能够独立完成的过程。在现代产业链中，越来越多的企业选择通过整合整个供应链的核心能力来开发新产品。这种方法不仅打破了企业内部能力的局限性，还提升了产品创新的效率和效果。

产品创新的核心是如何将新思想转化为满足市场需求的产品。而这种转化过程，不仅依赖于企业本身的技术研发能力和资源，更需要考虑整个供应链中各个环节的能力和资源。

无论企业自身的力量有多强大，都不可能将所有事情做好。聚焦产品主体技术系统，侧翼让合作者完成，因此，和合作伙伴共同搞创新，开发新产品，就成为一种必然选择。

不过，这种协作，也有很多挑战，这个龙头产品的开发者需要担起整个供应链的责任，才能够让其他企业跟他一起干。供应链主要给出真金白银，那就能够调动整个体系，关于调动的策略，我们将在后文中详细阐述。供应链整合有很多的挑战，还是需要认真对待的。

供应链中包含多个合作伙伴，不同企业在文化、战略目标和技术标准上可能存在差异。如何协调供应链中各个环节的资源，并实现有效整合，

是产品创新中的一大挑战。如果缺乏有效的沟通和协同机制，可能会导致开发进度拖延或资源浪费。在供应链协同创新中，合作伙伴之间可能会共享关键技术和商业信息。这就带来了知识产权保护和商业信任的问题。如果企业无法建立可靠的合作机制，防止技术泄露或利益分配不公，将可能对合作关系和创新进程产生负面影响。

供应链共同开发也有很大的好处，供应链中的各个企业往往拥有不同的技术专长。通过与供应链中的合作伙伴进行技术协同，企业可以借助外部的创新力量加速产品开发。这种协同创新可以帮助企业弥补自身在某些技术领域的短板，并通过集成不同企业的核心技术，创造出领先于市场的创新产品。

在供应链整合的产品创新模式下，企业有可能开发出颠覆性的产品，进而引发整个市场的革命。这是因为供应链中的各个环节不仅仅是被动地为产品开发提供支持，而且主动参与创新。例如，比亚迪在其供应链中引入了对电池技术的革命性创新，使其电动车的性能和续航能力远超传统汽车，直接改变了全球汽车产业的竞争格局。

那么，基于供应链的产品开发该如何去做呢？可以借鉴的案例是海尔的卡奥斯平台，能够带动整个供应链进行高效协作。

企业应选择具备创新能力和技术优势的供应链合作伙伴，建立长期稳定的合作关系。这不仅有助于提高产品开发的成功率，还能够形成技术和资源的共享机制，进一步增强供应链的协同效应。通过搭建协同创新平台，企业可以为供应链中的合作伙伴提供一个共同创新的环境。该平台应包括技术共享、数据分析和市场反馈等功能，帮助合作伙伴在产品开发过程中实现无缝协作。在确保供应链稳定性的同时，企业需要保留一定的灵活性，以应对市场需求的快速变化。可以通过引入智能供应链管理系统，实时监控供应链中的各个环节，并根据市场需求快速调整生产和供应计划。

基于供应链能力的产品创新模式是一种颠覆传统产品开发的管理方法。

产品创新往往需要快速响应市场变化，而供应链中的某些环节可能难以迅速调整生产或供应策略。如何保持供应链的稳定性与灵活性，确保创新进程中的各个环节能够高效运行，也是战略管理者需要考虑的问题。

第九章 服务创新，超越期望

1. 核心战略行动：提升服务质量

从产品创新到服务创新，这是企业管理对象的一种衍生和变革。而"以客户为中心"的经营哲学无疑是其中最具代表性的一种。这一经营框架强调企业的一切经营活动必须以客户需求为导向，打破以往各部门相对独立、相互割裂的状态，使企业成为一支"为客户服务的雇佣军"。

在这一模式中，企业内部的每一个成员，从最高层的战略管理者到业务前线的员工，都必须围绕客户需求开展工作，甚至财务部门等传统上与业务较为疏远的职能部门，也要深入业务前线，帮助客户算好现实账、未来账，成为客户服务的一部分。

从产品导向到客户导向的转型，是我们在企业战略设计的时候碰到的最大的转型机会。麦肯锡高级合伙人陈震说："未来所有行业都会引入顾问式工作法，服务引领产品的时代正在到来。"

长期以来，许多企业采用的是"产品导向"的经营模式，企业的核心目标是生产出优质的产品或服务，然后通过市场营销和销售将其推向消费者。在这一模式下，企业更多的是依靠自身的技术实力、生产能力和市场推广手段来驱动业务增长。客户的需求在很多时候被视为一种后期反馈机制，企业生产什么，市场就消费什么。

然而，随着个性化需求日益增加，单纯依靠产品导向已经无法满足复杂多变的市场环境。"以客户为中心"的经营哲学应运而生，它要求企业彻底转变思维方式，将客户的需求作为企业一切活动的出发点。在这一新框架下，企业不仅要知道如何生产，还要知道"为谁生产、为什么生产"，并且确保每一个产品或服务的推出都能够切实解决客户的问题。

这一转变的核心在于，企业不再是单纯的"生产者"，而是客户需求的响应者和服务提供者。企业的角色从主动推送产品的"推销者"转变为满足需求的雇佣军。这一点上的变化，不仅影响了企业的战略层面，还贯穿到日常的运营和管理实践。

"以客户为中心"有着强烈的服务导向，这种模式要求每一个员工，无论其职位或部门，都必须时时刻刻考虑自己所做的工作对客户有什么实际意义。企业员工在执行任务时，需要时刻自问："我在做这个事情的时候，能够给客户带来什么好处？"这种思维方式让每一个工作行为都变得更加明确和有价值，减少了企业内部低效的操作和无关紧要的任务，使每一个行动都紧紧围绕客户的利益。

还是谈及上文中财务部门深入到业务前线的问题，提升服务质量的管理行为事实上打破了部门壁垒，这是50年来全球管理者的主要组织变革的目标。

在传统的组织架构中，企业内部通常是按职能划分的，各个部门各司其职，少有交叉。特别是一些非核心业务部门，如财务、人力资源等，通常与前线业务保持一定的距离，它们更多的是负责为企业的运营提供支持。然而，在"以客户为中心"的经营体系中，这种部门间的割裂会被视为一种障碍，阻碍了企业对客户需求的快速响应和全面服务。

为此，企业需要打破内部的部门壁垒，让所有的职能部门都能够直接参与到客户服务中去。这意味着，财务部门等传统上与业务前线较为疏远的部门，也需要走向"战场"。例如，在业务前线的项目小组中，财务专家将不再是仅仅处理预算和报告的后台支持者，他们需要直接参与到项目的开发和实施过程中，帮助客户团队进行财务规划、预算控制和成本管理。这种"财务前置"的做法，可以确保项目在满足客户需求的同时，兼顾财务合理性，避免不必要的资源浪费。

在"以客户为中心"的经营体系中，客户需求不仅是业务部门关注的焦点，它也是一种企业文化的整体战略转型。这种文化要求企业的每一个成员，不论职位高低，都必须从客户的角度出发，重新思考和定位自己的工作。从战略管理者的视角来看，客户服务是整体性的管理抓手，既能够统一内部资源，也能够同步外部客户资源，这是战略管理者保持组织秩序的主要方式。这一变化的背后逻辑是，企业在追求客户价值的过程中，不能仅依赖某几个核心部门的努力，还要将整个企业的资源和能力整合在一起，形成合力。在实际操作中，这意味着业务部门、财务部门、市场部门等都要协同合作，以共同的目标为客户提供综合的解决方案。

战略管理者对于质量的思考是总体性的，服务质量和产品质量，是质量管理的子系统，全面质量管理其实是一个PCDA的增益循环系统，质量的超越在于充分理解价值链上每一个对客户有价值的环节。服务质量的提升，基于一个个服务循环迭代，越迭代理解越是精深。企业流程需要从市场调研和客户反馈中，捕捉到趋势和需求变化，并快速调整企业的方向和资源分配。

对于前线员工而言，他们则是直接面对客户的桥梁。他们不仅仅是执行者，还要成为客户声音的传递者。无论是销售、客服还是产品设计师，他们都需要充分理解客户的需求，并将这些需求反馈到企业的各个环节中，推动产品质量和服务质量的持续改进。

在以客户为中心的经营体系中，强调了全员参与客户服务的管理模式。传统的"分工"理念在这里得到了重新诠释：虽然每个部门有其专业分工，但在客户需求面前，所有的部门和员工都是为了共同的目标服务。在现代企业中，无论是销售人员、客服代表，还是财务专家、技术支持，所有人都应当为同一个目标服务——那就是满足客户的需求。

通过这种全员服务客户的理念，企业内部形成了高度的协同效应，员工们能够更加高效地合作，并且在客户需求变化时，能够迅速调整策略。这种灵活性和响应速度，是企业在竞争激烈的市场中立于不败之地的重要因素。

用标准化、流程化的服务来包裹产品，已经变成了一种经营趋势，产品不是独立的，而是漂浮在服务流上的一个子系统。全员服务客户的管理模式对于提升服务质量至关重要，通过服务来实现对于企业资源的整体拉动，要求企业从思维方式到组织架构进行全面转型。通过打破内部的部门壁垒，企业能够更好地整合资源，为客户提供全面、快速的服务。而这种服务转型不仅是一种策略，更是一场服务文化上的深刻变革。每一个员工都需要从客户的角度重新审视自己的工作质量，并为客户创造价值。

2. 服务创新思考及策略指引

● 建立完善的服务体系，确保服务标准化

服务业中的标准化管理，一直是战略管理者想要解决但面临更多矛盾的问题，标准化的优势，在于其可复制性，效率高和便于衡量。例如，连锁酒店的客户服务就是典型的战术服务，通过标准化的服务流程，确保不同地点的客户都能享受到一致的服务体验。智和岛在和大型服务业企业进行战略合作的过程中，就曾深入服务一线现场，进行员工系统培训和服务手册的编写工作，对于所有可能涉及的服务问题和解决方法，都有详细的说明，这样做的好处，即使经过初等教育的员工，也能够按照手册进行操作，这种拉清单的方式是有效的。比如服务过程中的权限和现场决策问题，都能够快速解决。一些现场紧急事务，需要向管理者及时汇报，现场解决问题。在这些大型航空企业当中，航班上的每一个员工都能够按照清单来解决客户的现场问题，即使作为一个空姐，每一天所面临的问题，都需要精通自己的业务。

这样做的好处，笔者总结了一下，无论是同一家企业的不同分支机构，还是不同员工的操作，只要遵循标准化的流程，都能够提供一致的服务质量。标准化的流程减少了个体差异带来的不确定性，能够提升服务的执行效率，缩短服务响应时间。标准化服务流程为企业提供了可衡量的服务指标，帮助企业有效跟踪和管理客户的满意度。对于以产品或项目为导向的企业来说，标准化的服务体系往往是必不可少的，它能够确保服务的可控性，并通过规范化的流程减少操作失误。

但是，在市场快速变化的今天，服务标准化也受到了不少意外挑战，体验经济要求企业实现服务个性化，将客户心智体验放在了重要位置。因此，标准化服务是工作基础，还需要引入更多的个性化服务。随着客户需求的多样化和个性化趋势，服务过程中的心智体验越发重要。每一个客户的需求、期望和心理感受都是独特的，这就导致了服务结果的主观性，即使是同样的服务流程，不同客户可能会有不同的感受。这种主观性要求企业在提供标准化服务的同时，还需要考虑如何在服务过程中融入个性化的元素，从而提高客户的心理满意度。

例如，在同样的客服接待过程中，笔者也在区分不同的客户服务模式，部分客户可能更看重效率和问题的快速解决，空姐在面对客人的气温问题，需要立即提供一条毛毯，我们在清单里就规定，在多长的时间内需要响应这样的服务项目。这些都是战略管理者在设计文本的时候，提供标准文本和培训即可。

但对于另一些客户则希望在解决问题的同时,能够感受到关怀和重视。智和岛战略咨询服务提供大型医院的标准化服务体系,其服务内核需要所有人,从医生到护士,提供一种信任感和值得托付感,因此,在服务过程中,不仅要遵循标准化流程,还要灵活应对患者和家属的个性化需求,确保每一位患者都能获得符合其心理预期的服务体验。

那么问题就出来了,对于很多企业来说,其实服务创新最关键的一点,就是平衡标准化与个性化服务,这种业务设计,是企业战略管理层需要深入干预的事情。这就是做正确事的过程。

企业可以通过将基础的服务流程进行标准化处理,确保服务的基本质量和一致性。在此基础上,赋予员工一定的灵活性,让他们在处理客户个性化需求时能够自由发挥。客服可以在基本流程结束后,询问客户是否有额外的需求,并根据客户的回应提供个性化服务。比如说,海底捞就赋予一线员工,在服务不满意或者碰到特殊情况,拥有免单权和餐单打折权,其实就是一种责任前移的制度设计。这种基础流程标准化、个性化服务灵活应对的方式,对于其服务品牌的建立,有很好的辅助价值。

现在,借助人工智能和大数据分析,企业可以实现服务流程的智能化管理。例如,通过客户数据的分析,企业可以提前预测客户的需求,提供个性化推荐和服务建议。在实际服务过程中,智能系统可以帮助员工快速获取相关信息,从而提高服务的灵活性和效率。

人工智能服务能够显著增进企业的响应水平,但这依然依赖人才培养和技能提升,将人工智能系统变成专业级的AI,实现服务专家化,企业需要投入更多的资源用于员工的专业技能培训。通过不断提升员工的专业水平和应变能力,企业可以在保持标准化流程的同时,为客户提供更高质量的专家级服务。

对于企业而言,如何在标准化和个性化之间找到平衡,是决定服务体系成功与否的关键。标准化服务能够确保效率和一致性，而个性化服务则是满足客户心理需求、提升客户满意度的必要手段。专家级服务转变为更高质量的数据系统，这种系统可以生成更高质量的服务型AI，对于企业来说，这是实现"专家+AI"的相互增益的服务模式，可以提升企业的服务质量。

●提供增值服务，增加客户满意度

战术服务是一种基于产品和服务本身的操作性服务，其核心目标是确保客户对项目或产品服务的满意度。为了实现这一目标，企业通常会制定标准化的服务流程，明确服务的各个环节、步骤、流程和标准，从而确保每一次服务都能够达到预期效果。这种服务模式具有很强的可控性，易于复制和执行，特别适合大规模、重复性的服务场景。

对于复杂业务，比如战略咨询公司的业务体系，这里就会强调专家服务的模式。在标准化服务体系下，服务的个性化和专家化往往被认为是两个极端。标准化服务强调的是一致性和可复制性，而服务专家化则强调每一个员工在其领域的专业水平和灵活应变能力。服务专家化的核心要求是员工能够成为自己领域的专家，具备深入的专业知识和技能，从而在服务过程中为客户提供高度定制化的解决方案。

例如，在奢侈品行业，客户对产品的期望不仅限于其功能和外观，更加重视品牌的文化内涵、个性化定制和服务体验。高端品牌通过提供个性化的购物体验和专属服务，赢得了客户的忠诚度。在此过程中，服务专业化不仅提升了客户满意度，还为品牌创造了更高的附加值。我们在一些奢侈品店面的购物过程中，能够感受到额外的一些优质服务，以及一种被需要、被尊重的感觉。其实，这种感觉和满意度，以及消费带来的荣耀感，以及帮助客户确立自身身份的同时，也就是提供了一种增值服务。

另外，在医疗行业也存在不同层级的增值服务体系，提供个性化的医疗方案，在医疗领域，医院通过建立多学科团队，为患者提供个性化的治疗方案。医生、护士、营养师等各专业人员共同协作，根据患者的具体情况制订综合治疗计划。这种个性化的服务不仅提高了治疗效果，也增强了患者的满意度。

在咨询行业，智和岛战略咨询、顶尖咨询公司如麦肯锡、波士顿咨询等，通过专业化的团队为客户提供深度的市场分析和战略建议。这些公司在分析过程中整合了多个领域的知识，帮助客户在复杂的市场环境中做出明智的决策。咨询行业的系统解决方案也是一种增值服务体系，让客户更有价值的增值行为，也是这些企业的生存之本。

随着市场竞争的加剧，特别是在高端市场和复杂业务场景中，客户的需求变得愈加多样化和个性化。传统的标准化服务已经无法满足这些客户对服务质量的高要求。客户不仅希望获得产品，更渴望通过服务获得真正的价值。这种转变促使企业从追求规模效应转向关注客户的个性化需求。

●持续提供战略服务，适应客户需求变化

与战术服务不同，战略服务的重点在于通过服务本身来实现企业的长远战略目标。战略服务不局限于单次服务的满意度，而是关注与客户之间建立长期的信任关系，从而促成客户忠诚度的提升。这种服务通常是个性化的，甚至定制化的，要求企业能够根据客户的需求量身定制解决方案，确保客户获得超出期望的体验。战略服务往往是企业实现差异化竞争优势的重要手段，尤其是在高端客户群体中，这种服务能够帮助企业赢得市场上的"铁杆"客户。

基于整个供应链的管理，需要建立完整的供应链服务关系，这种类似的战略伙伴的关系，需要进行战略服务，为上下游的合作伙伴赋能，并在

服务过程中,理解整个供应链管理的所有知识增值环节,适应市场变化,比如,通过建立整个供应链平台,实现整个供应链的数据化服务,让整个供应链提升运行效能。

数字智能化整个供应链,实现经营的"数字化平台模式",能够深度理解客户需求,服务专家能够通过专业的方法和工具,深入分析客户的需求和痛点。通过与客户的互动,供应链专家可以获取更全面的信息,从而提供更加精准的解决方案。

"数字智能化+专家团队系统"具备快速响应客户需求的能力,服务专家通常能够将各个领域的知识整合在一起,为客户提供系统化的解决方案。这种整合能力使得服务不再是简单的产品交付,而是一个完整的价值链。

团队专家化服务不仅满足了客户的基本需求,还能够通过增值服务提升客户的整体体验。这些增值服务可能包括后续的支持、培训、维护等,确保客户在使用产品或服务后能够获得持续的价值。

团队服务专家通过提供高质量的个性化服务,能够与客户建立起长期的信任关系。这种信任关系不仅有助于企业保持客户的忠诚度,还能通过口碑传播吸引更多的新客户。长期的合作关系也使得企业能够更好地理解客户的需求变化,从而不断调整服务策略。

第十章　模式创新，突破传统

1. 核心战略行动：探索新的商业模式

衡鼎量书咨询在进行战略咨询过程中，将商业模式设计作为重中之重。这是对于企业的技术元素、人才元素、管理组织元素、品牌人文元素等等，都需要用商业模式来进行一次系统的封装，让商业利润能够在商业模式设计的流程之中产生出来，企业战略规划虽然不是以利润为唯一指标，但商业模式产生的利润对于企业生存至关重要。

笔者和衡鼎量书咨询团队对于商业模式的理解，认为商业模式是企业如何创造、传递和捕获价值的框架。它涵盖了企业的核心业务流程、盈利方式、市场定位以及客户关系等多个方面。成功的商业模式不仅能够帮助企业获得可观的利润，还能够在市场中建立起独特的竞争优势。在这一过程中，战略管理者需要将商业模式视为一项系统工程，综合考虑技术、人才、管理和品牌等多种因素，以实现企业的长期可持续发展。

在战略规划中，虽然利润并非唯一的考量指标，但商业模式所产生的利润对企业的生存和发展至关重要。企业必须认识到，商业模式的设计直接决定了其市场竞争力和盈利能力。因此，企业在制定战略时，必须将商业模式的创新纳入重要议程。

商业模式设计要求企业基于自身的优势元素，进行策略组合，以与众不同的方式参与竞争。从主流的市场观察来看，商业模式设计涉及企业的四大核心要素系统，企业的软硬资源在整个商业模式框架下，得以整合起来，形成整体的合力。

第一，鉴于当前的市场环境，企业的根本价值蕴藏在人的身上，因此，企业本质上就是在经营人才，因此，在商业模式设计的时候，一定要将人才要素放在第一位。

高素质的团队能够为企业带来创新的思维和解决方案。在商业模式设计中，企业需要重视人才的引进与培养，以确保其具备应对快速变化市场环境的能力。此外，良好的团队协作与沟通机制也是实现商业模式成功落地的基础。如果企业要做涵盖人工智能领域的商业模式设计，很显然，企业需要有熟悉人工智能和产业结合机会的员工。

第二，有人才，商业模式才能够基于人才团队的能力进行设计，技术是人才发展出来的。比如说，同样是零售业，互联网技术的快速发展使得电商模式得以迅速崛起，传统零售企业纷纷进行商业模式转型，以适应新的消费环境。企业在设计商业模式时，必须充分发挥技术的优势，以提升运营效率和客户体验。技术是现代企业运作的重要支柱，科技的进步为商业模式创新提供了更多可能。如软件和算法驱动的新零售场景，其模式设计深刻改变了中国的商业形态。

第三，技术和人才需要用管理要素组织起来，管理组织的设计直接影响商业模式的执行效率。企业需建立灵活的组织结构，以适应快速变化的市场需求。通过团队的协作和跨部门的配合，企业可以更高效地实施其商业模式。同时，管理层应建立合理的绩效评价体系，确保员工在实现商业目标的过程中获得适当的激励。

第四，营销活动和品牌人文元素是商业模式设计的重要环节。营销活动是企业风险集中的环节，也是价值实现的重要流程节点，营销模式设计和商业模式设计紧密相关。

品牌是企业与消费者之间的桥梁，良好的品牌形象能够提升客户的忠诚度。在商业模式设计中，企业应重视品牌文化的建设，以形成独特的市场定位。企业的品牌价值不仅体现在产品本身，更体现在其所传达的价值观和使命感上。通过营造深厚的品牌文化，企业能够在竞争中建立起强大的护城河。

对于战略管理者而言，商业模式的创新与设计不仅是一项技术任务，更是一项系统思维的挑战。管理者需要在不确定性和复杂性中寻求商业模式的突破。

一位投资人对笔者说："在硅谷的投资项目之中，大约有 35% 的项目是软硬科技和商业模式的结合；而在国内的创业市场，致力于硬科技创业的创业企业很少，将软硬科技融合商业模式进行创业的企业只有 3% 左右。绝大多数项目还依靠商业模式设计来面向资本市场，这其实算是一种遗憾。"

智和岛在进行战略咨询的过程中，注意到商业模式数字化和技术化的新现实，这是数字智能化社会带来的最新的演变模式，因此，我们认为，建立"商业模式 + 技术工程"的双重叠加模式，已经是一种必然需求。智和岛总结了四个要点，发展出基本的商业模式设计方法论。

第一点，战略管理者应将商业模式创新与技术工程结合起来，形成双重叠加的创新模式。在这一模式中，企业不仅要关注产品的技术研发，还要从整体上考虑如何通过技术提升商业价值。这种思维方式能够帮助企业在技术变革中抓住机遇，实现跨越式发展。

第二点，商业模式需要获得定价权，主动去争取高利润，结合高利润模式与核心竞争力模式，实现另外一个双重驱动型的商业模式。

在衡鼎量书咨询看来，商业模式的成功往往依赖于高利润模式与核心竞争力模式的结合。企业应在商业模式的设计中，明确自身的核心竞争力，并将其转化为可持续的盈利模式。

第三点，商业模式的设计基于构建新的价值链。新的价值链往往具备高附加值的创造能力，而高利润模式的最小管理单位是一条价值链。这与传统企业管理的方式有显著不同。在当下商业环境下，企业需要通过整合上下游资源，构建高效的价值链，以最大化商业价值。通过优化每一个环节，企业能够在降低成本的同时，提高服务质量，增强客户满意度。

第四点，创新商业模式需要进行跨界资源组合，实现高价值组合以闭合价值链。高价值组合是实现价值链闭合的关键。企业在设计商业模式时，应关注不同资源和能力之间的协同效应，以形成高价值的组合。例如，一些企业通过跨界合作，将不同领域的资源整合在一起，创造出新的商业机会。通过这种方式，企业不仅能够实现资源的优化配置，还能够增强自身的竞争力。企业在追求高利润的同时，必须意识到，只有尊重客户的诉求和利益，才能在此基础上逐步迭代出优秀的商业模式。

在战略管理者的眼中，商业模式创新只能依据上述条件进行演化，但在今天的商业场景中，客户已经拥有主导地位，商业合作系统中的利益相关者都有一定的价值贡献，因此，有生命力的商业模式往往带有价值成果的共享性。这就是以人为本的商业模式创新。

在未来的商业环境中，只有那些能够平衡好"好人"和"硬功夫"的企业，才能在竞争中脱颖而出，实现真正的价值创造。通过不断强化人才培养与人格塑造，企业将能够在市场变化中保持敏锐的洞察力和灵活的应变能力，从而引领下一轮的商业变革。

成功的商业模式离不开融通性的人才和完善的人格。高利润商业模式的核心在于高价值创造力，企业应避免短视的投机行为，追求长远的可持续发展。在这个过程中，将利益相关者视为真实的人，以此为出发点，能够推动商业模式的不断迭代与优化。

2. 商业模式思考及策略指引

●分析行业痛点，寻找创新机会

战略管理者在设计商业模式的时候，识别客户痛点是一个非常重要的能力，管理者从客户的抱怨中能够发现尚未被满足的需求。笔者在和客户接触的过程中，会将客户的痛点进行一个简单的分类。

如功能性痛点、情感性痛点和社会性痛点。功能性痛点通常与产品的性能或使用体验有关，在商业模式中，产品是不是过硬，这是基础，在产品层面出现较多的客户抱怨，说明企业的基础工作做得不扎实；情感性痛点与客户的感受和期待相关，对于产品和服务混合型商业模式，客户不仅是在购买产品，也是在购买一种情感体验，服务领先和情感体悟型的商业模式设计，能够形成粉丝型客户群；而社会性痛点则涉及客户在使用产品时的社会认可和价值，产品模式设计带来客户身份的自我认同和社会认同，比如说，车是男人移动的宫殿，也是区分社会阶层的一种工具，因此，企业在设计商业模式的时候，需要深谙社会运行的痛点。即在商业社会中，绝大多数产品的出现，都是为了在社会中确立自己的身份地位和自我认知，商业模式的设计，本质上就是对于人性需求的深入洞察。

在设计商业模式的时候，还有一个普适的方式，就是对标全球标杆企业进行痛点分析，研究竞争对手的产品和服务，分析他们的优缺点，寻找自己能够弥补的市场空白。了解市场上的成功和失败案例，可以提供有价值的洞察，帮助企业识别自身的机会。

竞争对手的存在和标杆管理，让商业模式设计者在面对市场的时候，能够轻易甄别出伪需求和真需求。标杆企业已经在前面把路走通了，举一个经典的案例，这个世界上本没有可乐这种饮料，但因为可乐的新品类创新，也就有了可乐这种产品市场的存在，对于 20 世纪初的百事可乐而言，这是确定性的市场，在任何庆祝性的场合里，可口可乐都是一个不可缺少的产品，而百事可乐只需要进行成熟市场切分，将自己定位为"年轻人的可乐"，百事可乐作为可口可乐的紧跟型追随者，其实也就是开拓了一种"第二哲学"，这也是一种非常棒的商业模式设计。

这里介绍衡鼎量书咨询经常使用的一个客户痛点洞察的工具，客户旅程地图。这是很多企业都在使用的客户行为和心理分析工具。即通过对于客户购买产品和服务之后的全周期行为，理解他们为什么购买，购买之后的心理预期变化规律，以及没有被满足的部分需求。越深入跟踪研究，越能够发现新的机会。

客户旅程地图是一种工具，用于描绘客户在使用产品或服务时的全过程。它将客户体验分解为若干个关键环节或接触点，从认知、考虑、购买到使用，再到后续支持等。在每个环节，企业会标注出客户可能遇到的痛点或不满意的地方。

通过制作这样的地图，企业能够以可视化的方式清晰看到客户在哪个环节遇到了问题，从而有针对性地进行优化和改进。这不仅有助于提升客户满意度，还能增强企业的市场竞争力。简而言之，客户旅程地图是企业了解并改善客户体验的重要手段。

在全面理解客户需求和客户痛点的基础上，借助竞争对手的市场成功，进行创新型的商业模式设计，这种设计，具有明确的目的，就是要颠覆竞争者的商业模式，形成自己的独特型竞争力。

在进行客户旅程地图绘制的过程中，有必要邀请客户参与产品设计和测试，获取第一手的反馈和建议。客户的参与不仅能提高产品的适应性，还能增强客户的忠诚度。设立监测机制，定期评估市场变化和客户反馈，及时调整商业模式以应对新的挑战和需求。

在经过一系列的痛点洞察和机会识别之后，我们就能够得到精确的用户画像，而认知的精确性正是所有商业模式设计者所追求的东西。创建详细的用户画像是企业了解并满足客户需求的关键步骤。用户画像包括客户的背景信息，如年龄、性别、职业等；需求，即客户在产品或服务中寻求的具体价值；行为模式，指客户的购买习惯和使用方式；以及偏好，涉及客户对品牌、功能的个人喜好。

通过深入分析这些方面，企业能够精准定位目标客户群体的核心需求和痛点。这种分析帮助企业发现客户的隐性需求，优化产品设计和服务流程，从而提升客户满意度和忠诚度。简而言之，用户画像使企业能更有效地与客户沟通，提供更贴合其需求的产品和服务。

●借鉴成功案例，进行模式创新

茅台之所以拥有难以替代的品牌地位，不仅因其品质，更缘于其背后的品牌故事和独特商业模式。茅台承载了深厚的文化底蕴和历史价值，使其在社交中具有象征意义。其高售价并非仅因成本，而是市场对其稀缺性、品牌价值和社交地位的认可。据有关数据，其能够获得92%的超高毛利，正是基于这种品牌溢价和市场定位。通过限量生产、精心包装和成功营销，茅台维持了其高端形象，从而实现了成本到售价的落差，企业具备了市场定价权和关键话语权。

茅台的商业模式设计确实堪称经典，其商业模式不是单点设计模式，而是一连串的商业模式设计的叠加。笔者简单分析一下其独特性，在口感领域，茅台凭借品质和独特的酱香型口感，在高端白酒市场确立了难以替代的品牌地位。

同时，在产品流通模式上，它构建了强大的分销网络，确保产品广泛覆盖且渠道稳定，但这不是重点，重点在于茅台酒维持了一个奢侈品、收藏品和消费品的多重流动性，这种模式很独特，只有少数欧洲的奢侈品品牌能够玩得转。茅台注重文化营销，强调只有茅台镇的水和特殊种植的酿酒粮食和独特工艺，才能够精酿出独特的茅台酒。其强大的原产地品牌运作模式，构建一个地理护城河。出了原产地，就是不正宗。

另外，茅台的定价策略，也是按照奢侈品的定价模式在设计定价体系。茅台的高价不仅在于物质成本，更在于其赋予消费者的社交身份和尊贵体验。保证了高额利润，又维持了市场接受度。这套商业模式使茅台在激烈的市场竞争中脱颖而出，实现了持续稳健的发展。

茅台的商业模式设计体现了深刻的长期主义理念。这意味着茅台在经营过程中，始终着眼于长远发展，而非短期利益。通过几代人的不懈努力，茅台成功构建了一套独特的品牌话语体系，这不仅包括其产品质量、包装设计，还涉及其市场定位、营销策略等多个层面。这套体系难以被其他品牌复制，因为它深深植根于茅台的历史、文化和工艺之中。正是这份坚持，使得茅台能够在激烈的市场竞争中保持领先地位，其商业模式也因此成为行业的标杆。

茅台作为白酒行业的佼佼者，其酱香型酒已成为行业标准，这体现了其在产品特色上的差异化优势。一流企业通过制定标准来巩固市场地位，实现高利润。

茅台对于其他企业的经营有着很多的启示，这家能够走出"性价比迷思"的企业，可以告诉其他的战略管理者，企业可以通过独特的努力，构建自己的竞争优势，获得超越竞争者的定价权模式。

企业的商业模式设计优势是一系列优势点的叠加，企业的盈利能力、现金管理能力、偿债能力、营运能力和成长能力是相互关联的。这些能力的组合与再设计，旨在实现企业整体运营的最优化。通过再平衡，企业可以在保持核心竞争力的同时，适应市场变化，实现可持续发展。茅台的成功在于其独特的酱香标准，以及通过综合管理各项关键能力，实现持续盈利和市场领导地位。

● 进行试点验证，逐步推广新模式

商业模式设计和推广过程，涉及战略领导者的整体控局能力。在商业模式的设计与实施中，融通性人才能够打破部门间的壁垒，促进信息流通和资源共享。他们能够从客户需求、市场趋势、技术变革等多方面进行综合分析，为企业提出更具前瞻性的战略建议。

企业在制定商业模式时，需综合考虑多个关键因素。客户需求是核心，了解并满足客户的需求是商业模式成功的基础。市场空白指尚未被充分满足的市场需求，企业可寻找并填补这些空白以获得竞争优势。供应链管理关乎成本与效率，优化供应链能提升企业竞争力。营销方式则影响品牌知名度和市场份额，选择合适的营销策略至关重要。不断改进和创新是企业持续发展的动力，通过迭代优化商业模式，适应市场变化。企业应根据自身资源和能力，结合外部市场环境和客户需求，量身定制商业模式，并持续进行优化和创新，以确保长期的竞争优势和可持续发展。

只有将一系列的单点优势都积累起来，形成一种合力，设计出来的商业模式才具备出色的差异性、价值性和竞争力。

战略管理者对于商业模式的制定和推广，需要有一套自己的章法。有位商业模式设计者跟笔者说："在商业模式设计问题上，样板市场快不得，全局市场慢不得。"

在商业模式设计中需要两种重要策略平衡。"样板市场快不得"指的是，在初创期，选择一个或少数几个具有代表性的市场进行深入试点。这一阶段需耐心细致，充分验证商业模式的可行性，确保其有效且可复制，避免盲目扩张带来的风险。

"全局市场慢不得"则强调，在样板市场成功验证后，必须迅速行动，抢占更广阔的市场份额。此时，速度至关重要，以免错失市场先机，被竞争对手超越。

在制定商业模式时，企业必须"再次确认客户需求"，这是因为客户需求是商业模式的核心。只有深入了解客户的需求，企业才能设计出真正符合市场的产品或服务。找到"能够满足客户需求的独特卖点"意味着企业需挖掘其产品或服务的特点，这些特点应是竞争对手无法替代的，从而确保客户选择该企业的理由。当产品或服务的价值得到客户的认可时，说明企业的商业模式是成功的。

在商业模式推广的过程中，有几项基础构建是需要注意的。

企业在市场中需找到自身独特诉求定位，即明确自身与竞品的差异化优势。这要求企业洞察市场，发现尚未被满足的客户需求，进而定位市场空白。通过精准识别目标客户群体，企业可设计针对性强的营销策略。

建立独特定位的产品品牌，意味着要选择一条符合品牌调性的体验路线。这不仅是产品功能的展现，更包括品牌形象、服务质量和消费过程中的情感连接。实质上，这是一个综合多方面因素的策略组合，包括产品特性、价格定位、推广方式等，旨在创造与众不同的品牌体验，从而在激烈的市场竞争中脱颖而出。

将一系列优势经营组合起来，形成一个独特的供应链和生态链，意味着企业整合内外部资源，构建高效协同的业务网络。通过优化供应链，企业能更快速响应市场需求，减少库存和物流成本，提升生产效率。同时，优质的供应链管理能确保原材料质量和交货稳定性，从而保障产品质量和服务水平。这样的策略不仅降低了运营成本，还增强了客户的满意度和忠诚度，进而提升企业的市场竞争力。

商业模式的推广是一个细致活，企业通过创新营销方式如社交媒体、内容营销等，在战术层面执行一系列营销组合。这样做的目的是建立品牌形象和口碑，既能吸引新客户，又能保留老客户。其中，"我即用户，用户即我"的理念强调企业与用户之间的紧密关系，意味着企业需站在用户角度思考，提供符合用户需求的产品和服务。而建立用户社区，则是为了增强用户黏性，让用户之间形成互动，从而进一步巩固品牌形象，并通过口碑传播吸引更多的潜在客户。这种完整的可持续营销体系，旨在实现企业与用户的共赢型商业模式，确保长期稳定的发展。

第十一章　执行创新，高效运营

1. 核心战略行动：优化企业管理执行模式

衡鼎量书咨询的工作方法论，将企业的执行行为和战略管理进行双向贯通。全球知名的企业战略学者鲁梅尔特非常坚定地说："战略执行不是制定增长目标。"战略执行是一种价值创新行为，这是一种必要的定性。一些董事长在年底的高管会上会宣示自己的"战略"："下一年，我们的战略目标就是在今年的基础上再增长 20%。"如果企业的董事长和 CEO 没有做到，只是将战略转化为多接订单、多干活，变成营销部门和生产部门的"加油干"，这其实就不是战略，而是管理层的战略偷懒行为。我们在咨询助跑过程中，非常注重服务对象企业的"管理—执行"和"战略—执行"两个贯通。

解释一下，"管理—执行"注重执行过程的变化、进行反馈和业务调整，将创新执行贯彻到过程中，要注重外界市场环境变化。企业的一线执行系统必须有一定的话语权，和企业的战略管理层需要进行持续的双向沟通，在出现问题的时候，随时进行调整，不要在问题出现的时候，去找因果，那就来不及了。

"战略—执行"的表述，战略是牵引力，执行是落实力，战略执行是重心向上的，按照前任董事长的 20% 的增长逻辑。企业的管理层为执行做了哪些战略赋能的行为，担子是压向高层的。这里会出现一个问题，董事长为了企业的战略增长承担起了什么责任？我想，如果企业的产品是技术和用户价值领先的，然后要求执行层去冲锋，这是合情合理的行为。

如果管理层说出了类似"诸葛亮从来不问刘备，为什么我们的箭那么少"这类话语，毫无疑问，这是管理层在耍流氓，是战略懈怠，我们需要区分威压式增长方式和赋能式增长方式。

我们在此谈论的管理执行，主要聚焦于企业的战略管理和执行系统的连通。这涉及企业如何从依赖个人权威（人治）的组织模式，转变为依赖明确规则和制度的治理模式，创新执行需要讲系统和章法，这样的执行成果才能够有保障。人治组织往往依赖领导者的个人判断和决策，而制度治理型组织则通过建立一套完善的制度体系来规范和指导企业的运营。

创新执行的过程是执着于帮助客户解决问题，实现良性增长的问题，企图心很重要，但需要适应这样的规律。

从企业长期发展和战略发展的视角来观察，一个企业从小到大，需要经历若干个周期，甚至需要几代管理者的持续努力。制度治理型组织通过建立一套完善的制度体系来规范和指导企业的运营。这种模式强调规则和流程的标准化，减少了个人因素对组织的影响，提高了组织的稳定性和可预测性。避免了个人权威这种模式可能因领导者变动而产生不稳定性。企业从依赖个体智慧向依赖系统化管理的进化，有助于提升企业的长期竞争力和可持续发展能力。

以下是衡鼎量书咨询在帮助客户企业梳理创新执行过程中，总结出来的一般流程，在这里我们能够看到资源赋能和能力增长是如何推动企业增长的，这是个系统性协同的过程。案例内容隐去了企业名称。

案例：创新驱动的企业战略制定与执行

案例背景

某高科技制造企业在竞争激烈的市场环境下，为了保持行业领先地位并实现上市目标，确立了创新驱动的战略，计划在三年内将销售额从2亿元提升至3亿元。围绕这一目标，公司系统地展开了目标制定与解码、资源调配、执行、风险应对、组织架构优化、流程梳理优化及反思改进的全过程。

（1）战略目标制定与解码

公司在制定创新战略时，将总体目标解码为阶段性计划，确保各层级都理解并能有效落实创新目标。具体步骤如下：

①核心目标设定与解码：

2023年：以开拓工业市场为目标，完成1000万元销售。

2024年：提升销售至2亿元，并完善产品标准化和新市场开发。

2025年：达到3亿元销售，并满足上市指标，包括产品质量、成本控制和市场影响力的提升。

②分解公司级目标：将上述核心目标细分为四大领域：产品创新、市场拓展、质量提升、运营优化，并分解至各部门和岗位。例如：

研发中心：明确年度创新任务，专注于新产品研发和产品标准化，提升产品竞争力。

市场中心：聚焦客户拓展和市场需求的挖掘，确保产品创新能迅速匹配市场需求。

质量中心：确保新产品质量稳定性，满足上市前的质量要求。

制造中心：负责生产流程标准化，优化资源配置，支撑销售目标。

③绩效考核与评估机制：在各部门建立关键绩效指标（KPI）并定期考核，推动创新战略按时按质地执行，形成闭环管理。

（2）资源调配：保障创新战略的执行

107

在创新驱动的战略中，资源调配至关重要，公司根据需求对人力、物力和财力资源进行了合理配置，以保障创新项目的顺利实施：

①资源调配策略：

根据创新项目需求，动态分配人力、物力和财力资源，优先支持高优先级项目。

资源协调机制：在公司内部建立资源协调机制，确保研发、市场、生产等部门间的资源共享，防止资源浪费和分配不均。

资源使用审查：定期审查资源使用情况，根据项目进展和资源耗用情况进行调整，确保资源高效利用。

②资源保障措施：

公司为各中心设立专门的资源储备，尤其是对创新资源高需求的研发中心和市场中心，确保团队在面临突发需求时能够及时获取支持。

定期召开资源评估会议，讨论资源分配的合理性，调整资源投放以支持创新战略的达成。

（3）组织架构优化：创新支持的高效组织

公司进行了组织架构优化，以提高创新执行效率，通过资源的合理配置和部门间的紧密协作，进一步保障创新战略的落地。优化内容包括：

①研发中心：整合了设计和模块开发职能，形成一线创新团队，提升产品研发的整体效率。

②项目中心：负责项目的全流程管理，协调资源分配与进度管理，确保项目按时完成。

③工程中心：负责小批量试产和工艺优化，并解决生产过程中的技术问题，推动新产品尽早进入量产。

④市场中心：通过资源共享机制，与其他部门合作推广创新产品，确保新产品的市场适应性。

⑤质量中心：加强对产品质量的全流程监控，确保创新产品符合公司

质量标准，为上市做准备。

（4）流程梳理优化：提升创新效率

公司在创新战略的执行中，着力优化流程，以确保创新成果高效落地。关键的流程优化包括：

·流程标准化：制定清晰的产品开发和质量管理流程，将产品设计和制造标准化，减少定制化生产的难度，提高产品一致性。

·跨部门协作流程：在产品研发和市场推广中建立协作机制，确保信息流动顺畅，避免因部门间沟通障碍导致的项目延误。

·流程可视化管理：通过管理工具对流程进行实时监控，使管理层及时了解进度，确保资源配置合理、高效。

（5）风险应对：保障创新执行的连续性

在创新执行过程中，公司还建立了系统化的风险应对机制，确保创新项目能在风险出现时得到及时响应：

①创新风险识别与评估：

在创新项目启动阶段，公司对各个项目进行了详细的风险评估，识别出潜在的技术风险、市场风险及资源风险。

风险应对策略：根据风险类型制定不同的应对策略，如技术风险采取技术备选方案、资源风险通过资源储备机制缓解。

②风险监控与预警机制：

公司建立了风险监控系统，对创新项目中的关键节点进行实时监控，一旦发现异常，迅速采取行动以降低风险带来的损失。

每月组织管理层风险分析会议，评估项目进展中的风险情况，调整风险策略，确保项目按计划推进。

（6）过程跟踪与执行监控

公司通过过程跟踪和绩效监控，确保创新战略的稳步实施：

·KPI跟踪与反馈：每个部门对照KPI进行自查，确保创新任务按时完成；公司层面每季度总结评估，调整策略。

·管理会议复盘：每月的管理会议复盘项目进展和资源使用情况，评估风险点和改进空间，确保创新战略的持续推进。

（7）反思与持续优化：实现创新的闭环管理

在战略执行的后期，公司定期反思和优化，以实现创新管理的闭环：

·质量改进：根据市场反馈，公司优化产品设计和制造工艺，以更好地满足客户需求。

·人才激励：公司通过创新型的激励体系，鼓励员工主动识别问题和提出改进方案，激发持续创新的动力。

·流程再评估：在项目结束后，公司对流程进行再评估，不断完善产品开发、市场推广等环节的流程，以提高执行效率。

从以上的案例流程中，我们能够看到增长目标，也能够看到企业管理层对于实现目标进行的系统努力，兵精粮足，前方才能够打仗，在写作本书的过程中，这家企业的业务进展顺利。

笔者在做战略管理咨询的过程中，发现企业很多战略问题，主要问题不是来自业务层，而是来自核心团队管理的问题。即使在规模化的企业中，也有一些战略层面和经营层面的情绪化问题，组织在战略管理中如何克服个人意志波动的影响。个人意志的起伏是指管理者情绪和动力的变化，这可能影响工作效率和决策一致性。而组织的意志和文化凝结核，则代表企业的核心价值观和使命，它们相对稳定，为员工提供明确的方向感和归属感。

战略管理的核心任务之一就是确保企业行为与这些核心价值观保持一致，通过制订明确的战略目标和执行计划，减少因个人情绪波动带来的不确定性。这样，企业就能在主航道上稳步前行，不偏离既定的发展方向，实现长远发展。

战略管理、组织治理与企业效能管理虽各有侧重，但实则紧密相连。战略管理关乎企业长远目标的设定与实现路径，组织治理则确保企业内部结构和流程的高效运作。这两者共同影响着企业效能管理的成效。

投资人段永平说："做正确的事情，慢就是快；不犯错就是快。"深刻揭示了管理的真谛。正确的战略方向和稳健的组织治理是企业稳健发展的基石。若企业忽视管理，盲目行动，很可能因决策失误而错失良机，导致"起个大早，赶个晚集"的局面。因此，企业在追求速度的同时，更应注重管理的质量和深度，以正确的战略为导向，通过有效的组织治理来保障企业效能的最大化。

做正确的事情，是战略管理的核心要义，优化管理模式意味着要提升企业的运营效率和决策质量。在制度层面进行构建，就是设计并实施一系列科学合理的规章制度，确保每个环节都有章可循，减少不确定性。这样不仅能提升企业内部的协同效率，还能增强对外部环境变化的适应能力，从而实现可持续发展。

这些规章制度为企业的各个环节提供了明确的指导，减少了操作的不确定性和随意性。通过这种方式，企业内部各部门能更高效地协同工作，因为每个成员都清楚自己的职责和期望。制度需要激励到每一个个体才有意义。

战略管理层在整体价值观和制度之下，开始积极地管理创新行为，所谓创新，不如说是保持开放性，开放性意味着向全球管理实践先行者学习，管理制度向来就不是内生出来的，它是普遍实践和自己企业独特性构成的管理系统。

管理创新并不仅仅是引入新技术或新工具，更重要的是在管理理念、组织结构和流程中的变革。它要求企业在保持核心价值观的基础上，积极探索和尝试新的管理方法，以适应不断变化的市场环境。

笔者曾对一个重要客户提及过自己的管理创新方法论："在管理创新领

域,有标杆的时候,就紧跟标杆进行系统学习;如果自己已经成为第一,管理创新就需要杰出的领导力。在管理系统里,如果领导者想法不是最优秀的,那就听听下属的方案和团队的方案,但为了防止群体的平庸,在方案不满意的时候,领导者就需要挺身而出,发挥领导力。"

开放性是管理创新的关键。它意味着企业应当摆脱封闭的思维模式,乐于接受外部的影响和建议。通过向全球范围内的管理实践先行者学习,企业能够吸收和借鉴成功的管理经验,快速提升自身的管理水平。许多成功的企业在其管理创新中融入了来自不同国家的管理理念和方法,形成了一种具有多元化优势的管理模式。全球视野下的管理实践强调适应性与灵活性。企业在学习过程中应根据自身的实际情况,对外部经验进行合理的调整和本土化,以创造出最符合自身特点的管理模式。

对于管理创新,笔者强调两点,第一点,就是坚持普遍实践与企业独特性的结合。管理制度并非凭空产生,而是普遍实践与企业独特性的结合体。普遍实践为企业提供了有效的管理框架和方法,而企业的独特性则确保了这些制度能够与企业的文化、资源和战略目标相适应。华为的管理体系就是花了300亿元人民币用了20多年,从全球学来的。

第二点,管理系统是缓慢演化的动态系统,需要不断迭代、调整和根据实践反馈而来的创新。市场环境的变化和企业内部条件的变化,管理制度也需要动态调整。战略管理层应当建立一种反馈机制,及时对管理制度进行评估与优化,以确保其始终与企业的发展方向保持一致。

管理创新的前提是开明的企业文化和讲真话的氛围,这又回到了战略管理者的问题,战略管理层的角色与责任,一个战略管理者,想要企业的管理系统有效,就需要管住自己,坚持要求组织中的所有人讲真话。讲真话是企业高效运营的前提。战略管理层需要营造一个开放的文化氛围,鼓励员工提出创新想法,并积极支持实践和实验。通过这种方式,管理创新能够在整个组织内扎根。在管理制度的设计与实施过程中,战略管理层需统筹考虑企业的长远发展和现阶段的实际需求。通过建立合理的激励机制和考核体系，确保管理创新的有效落实。

2. 管理模式思考及策略指引

●引入先进管理理念，提升管理水平

笔者在描述管理的过程中，做了以下分类，企业的管理结构分为四个层次：战略层、管理组织层、业务层和员工个体。这四个层次各有其特质和功能。

简单解释一下，战略层是企业的高层决策机构，负责制定企业的长期目标和战略方向。管理组织层则是执行战略的中枢，负责规划、协调和监督各项管理工作。业务层是具体执行业务操作的层面，涉及产品或服务的生产和销售。员工个体则是企业的基本单元，直接参与各项业务的实施。

管理工具围绕这四个层次的需求和特质进行整合，形成一个开放且完整的管理体系。这样的体系能够确保各层次之间的有效沟通和协同，从而提高企业的整体运营效率和竞争力。

对于长期目标和战略方向，我们在前面已经展开说明了。管理的核心在于激发团队成员的潜力。要激励管理干部和员工，首先要理解他们的需求和动机。通过设定明确的目标、提供成长机会，以及合理的奖励机制，可以有效提升个体的积极性。当每个成员都积极主动时，团队的整体战斗力自然增强。

管理创新的内核确实是从个人开始。这是因为团队的表现是由每个成员的行为和态度决定的。通过个性化的激励措施，如定制化的培训和发展

计划，可以更好地满足员工的个人发展需求，从而提高他们的工作热情和效率。中外的管理工具都指向了同一个方向：管理的重头戏在于如何精准地激励每个个体，使他们成为团队战斗力的基石。个体积极主动了，团队也就成为有战斗力的团队。

举例来说，在企业管理中，员工持股制度作为一种激励机制，逐渐受到越来越多企业的重视，尤其是在华为等具有前瞻性与创新精神的公司中。有人认为，员工持股制度不仅是管理创新的体现，更是利益相关者生产关系的重构。

传统的企业利益相关者关系主要集中在股东和管理层之间，而员工持股制度将员工纳入这一体系，让其成为核心利益相关者。这种转变使得企业在考虑决策时，必须兼顾股东、员工、客户及社会等多方面的利益，推动生产关系的全面协调。

员工持股制度将分配权前置，使员工在经济收益分配中占有一席之地。分配权的前置不仅改变了利益分享的方式，也改变了企业内部的权力结构，员工不再是被动的接受者，而是积极的参与者。

员工持股制度通过利益激励，激发了员工的创造力和奋斗精神。作为股东，员工不仅关注眼前的薪酬，更关注企业的发展与未来，通过创新和努力工作为企业创造更大的价值。这种创造力的激发不仅有利于企业的竞争力提升，也推动了社会的经济发展。

从人性的视角和生产关系视角来进行管理创新，这些制度设计往往更有效。通过员工持股，企业文化从单纯的上下级关系转变为更加平等的合作关系，培养了共同奋斗的团队意识。这种文化的转型推动着企业向更加开放、透明和协作的方向发展。企业文化体系的建设，同样是超越经济组织本身的底层系统构建。

员工持股使员工成为公司的"主人"，让他们感受到自身与企业的紧密联系，从而增强对工作的责任感与归属感。作为股东，员工将直接受益于公司业绩的提升。这种利益共享机制激励员工更加积极地投入工作，追求更高的绩效。员工持股制度有助于降低员工流动率，增强团队的稳定性，从而为企业的长期发展打下基础。

激励机制的有效性，是管理体系有效的关键所在。传统的激励机制多为薪酬和奖金，员工持股制度则进一步深化了这一机制，通过股权激励将员工的利益与企业的长期绩效紧密相连。这种创新能够有效提升员工的参与感和责任感。员工持股制度使员工在公司的决策中拥有一定的发言权，这种参与感能够促进员工的创造性思维和自主性，激发出更大的创新潜力。

对于案例分析，请读者参阅华为员工持股的详细案例，本书不再赘述。华为将公司的一部分股份分配给员工，使得员工在经济利益上与公司紧密相连。这种做法使得员工在工作中更加积极主动，愿意为公司的成功付出更多努力。华为的员工持股制度还强调了激励与约束的结合。持股的员工在享受收益的同时，也需要为公司的决策和业绩负责。这种双向约束机制有效地提升了员工的绩效意识。华为的员工持股制度鼓励员工之间的合作与创新，员工不仅关注自身的工作绩效，更关注团队的整体表现。这种氛围促进了知识的共享和合作的深化，推动了公司整体的创新能力。

● 建立激励机制，激发员工积极性

在书中，我们主要谈论对于组织个体的约束，企业的激励机制是一面，企业对于员工的约束机制和考核机制是另一面，两者是相互统一的整体。

笔者这句话，主要想描述企业管理和员工激励的两个重要方面及其关系。首先，"企业的激励机制"旨在通过奖励和认可来激发员工的积极性和创造力，这通常包括薪酬福利、晋升机会等。其次，"企业对于员工的约束机制和考核机制"则是确保员工行为符合企业规范和目标，通过设定明确的工作标准和绩效评估来实现。这两者看似对立，实则相辅相成：激励机制为员工提供动力，而约束和考核机制则确保这种动力朝着企业目标有效转化。一个健康的企业管理体系应同时兼顾这两面，形成一个既能激发员工潜能又能保证工作质量的统一整体。

一位客户跟笔者说过一句话："为了激励中层干部，我们进行了一次大额的奖金激励，确实，直接现金的刺激是当场见效的，在接下来的一个月里，我看到了企业团队的热情都上来了，但到了第三个月，又回到了常态。我反思了管理问题，外驱力都是暂时的，只有内驱力和激励考核机制跟上，才是一种出路。用文化和制度同时激发他人持久的热情是一种稀缺的才能。"

衡鼎量书咨询在这个管理咨询案例中，花了一年多的时间，引入了战略共识商讨、战略目标制定、战略目标分解和团队目标，为了调动内驱力，我们启动了IBM个人承诺书（Personal Commitment Book, PCB）及其激励机制。

战略目标分解到个人，个人做出承诺在战术行动中完成一部分战略目标，管理干部是战略目标的分解者和合成者。个人承诺书是IBM为员工设计的一种自我承诺机制，旨在帮助员工设定个人目标、明确工作职责，并承诺实现这些目标。它通常包括员工的职业发展目标、工作计划、绩效指标等内容。其目的是增强员工的责任感和归属感，使其对自身的工作和发展有更清晰的认知。通过这种方式，IBM希望每位员工都能主动承担责任，实现个人与公司目标的对齐。

我们今天遇到的管理问题，是早在20世纪80年代，IBM面临市场竞争加剧和技术变革面对的挑战。为了提升管理效率和员工绩效，IBM那时就开始探索新的管理模式，个人承诺书就应运而生了，而现在，这个工具和管理思想已经成为中国众多高价值企业的管理标配。

之前的管理模式是自上而下的控制和绩效考核，员工的参与度较低。随着个体管理思想的兴起，企业转向以员工为中心的管理模式，强调员工的主动性和自我管理能力。个人承诺书正是这一转变的体现。这个管理模式通过将个人目标与组织目标进行对齐，促进了员工对公司使命和愿景的认同。这种对齐不仅提升了员工的工作积极性，也增强了公司的凝聚力。

好的管理工具自带文化塑造能力。笔者觉得个人承诺书的价值在于一个人能够常态化地自我评估，不仅来自职业领域，还有更丰富的心智表现。认识自己是很难的，尽早发现自己的心智和能力的战斗力值，很重要。

这里我们不必展开，个人承诺书要求员工在年度初制订具体的目标和计划。明确的目标不仅使员工知道自己需要实现什么，还是衡量绩效的标准。这种清晰度能够激励员工积极努力，追求更高的绩效。员工明白，自己的努力和成果直接影响到个人的职业发展和公司整体绩效。同时其也促进自我反思，这种反思过程不仅帮助员工发现自身的优劣势，还促使他们持续改进和学习，从而在工作中不断成长。

个人承诺书能够让自己变得透明，也能建立透明的任务反馈机制，通过绩效评估，员工能够了解到自己的表现与目标之间的差距，及时调整工作方向。赶不上战略目标的进度就要付出更大努力，并且尽早请求同伴和团队的帮助。这种透明度增强了员工的动力，使他们积极寻求提高绩效的方法。

●加强团队建设，提高团队协作能力

前华为战略管理者苗佳宁说："团队的要义，在于强敌面前的求胜精神，企业家精神的基础是竞争和开放比较体系。拥有'彼可取而代之，王侯将相，宁有种乎'的反叛精神和批判精神。但企业家精神不仅对存量市场的反叛，更重要的是基于创新能力是建制。"

团队的要义在于成员共同追求胜利的决心和协作精神，"彼可取而代之"的反叛精神和批判精神体现了企业家敢于挑战现状、不满足于既定规

则的态度。这种精神鼓励创新和变革，推动企业不断进步。然而，企业家精神即在打破旧有框架的同时，能够建立新的、更有效的管理体系和企业文化。这种能力确保企业在变革中保持稳定和发展，实现长期的成功。

团队承诺书是一种管理工具，旨在确保管理干部对战略目标有明确理解和承诺。它通常包括具体的目标分解，让管理者清楚自己的责任和任务。管理工作的核心是对团队成果负责，不仅要完成既定目标，还要通过领导创新保持竞争力。

团队协作是实现目标的关键，每个成员需共同努力，发挥各自优势。承诺书强化了这种责任感，促使管理者以身作则，带动团队向前。通过这种方式，团队能更高效地运作，达成甚至超越预定目标。团队承诺书不仅是目标设定工具，更是激发团队凝聚力和创新精神的催化剂，有助于维持业务领先地位。

我们看到的团队协作和目标承诺，很多企业搞得都很有仪式感，在年度、半年度的誓师大会上公开签文件，公开承诺，这样做是形式主义吗？其实不是，对于一些优秀企业而言，能够进门的员工都是能够践行承诺的人，否则就是人力资源管理部门的用人失察。

团队目标的实现，往往取决于企业文化与员工的人格特质。高素质的人格不仅包括诚信、责任感、同理心等品质，还体现为对自身职业道德的严格要求。团队奋斗精神源于企业内部员工的共同价值观和人格素养。

好的协作团队，不仅聚焦于现实业务，也会重视高价值创造，专注于如何通过创新和服务提升客户价值。这类企业不仅能够获得稳定的收益，还能够在市场中树立良好的品牌形象，赢得客户的信任与忠诚。这种信任与忠诚，正是企业可持续发展的重要基石。

第十二章　文化创新，激发活力

1. 核心战略行动：培育企业创新文化

文化和价值观确实位于战略层面之上，它们构成了一种深层次的基础，影响着组织或社会的方方面面。这里提到的三个基本点——文化权、思想权和假设权，是对这一基础的具体展开。

文化权关乎一个群体或组织内部共享的信仰、习俗和行为规范。它塑造了成员间的共同认知，影响着日常决策和行动方式。思想权则指向群体或组织在思考问题、制定策略时所秉持的主导观念和思维方式。它决定了如何看待世界、解决问题。假设权涉及那些不言自明、深植于心的前提假设，它们虽未明确表述，却在无形中指引着行为和决策的方向。这三者相互交织，共同构成了文化和价值观的核心框架。

结合前文中关于品牌文化的说明，企业的文化发展也可以实用主义一些，将这些企业的软硬思考和世界观变成品牌文化，进一步变成品牌资产，这是文化体现商业价值的路径，但不是本书描述的重点。

笔者为了方便读者区分，我们将企业的文化分成两种，企业文化包括软硬两方面：软文化如价值观、使命感，一种社会话语权；硬文化如科技文化、工程师文化、工作流程、规章制度。将这些元素整合成品牌文化，能提升品牌形象和市场认知度。品牌文化是企业对外的展示窗口，反映了企业的核心价值和独特性。通过一致的品牌信息和活动，企业能与消费者建立情感联系，增强忠诚度。这种文化最终转化为品牌资产，包括品牌知名度、美誉度和忠诚度等，这些都是企业竞争力的重要组成部分。

借鉴硅谷的企业文化经验，企业的技术基因和工程师文化，确实可视为一种"硬文化"。技术基因是企业内在的技术积淀和创新能力，它决定了企业在技术研发和应用上的潜力和方向。工程师文化则强调对技术的热爱、追求和精益求精，注重实际问题的解决和技术创新。这种文化内涵实质上是一种技术世界观，即深信技术工程的力量能够深刻改变人们的生活。在这种观念下，工程师们致力于通过技术创新来满足客户需求，提升用户体验，从而实现技术与生活的紧密结合。

战略管理者应在公司战略中明确技术创新的重要性，制定以技术驱动为核心的长远发展战略。这包括在公司愿景、使命和目标中强调技术在业务增长中的核心地位。

以硅谷为案例，硅谷企业通常具有开放和包容的文化，鼓励多样性和不同观点的碰撞，建立跨文化团队、推动多元化招聘等方式，创造一个尊重不同背景和思想的工作环境，通过团队项目和集体目标来实现创新。企业应建立以团队为中心的工作模式，强调共享成果，以共同的成功激励团队成员。硅谷企业基于对于员工的信任，通常提供灵活的工作时间和环境，以提高员工的工作满意度和创造力。其中，笔者觉得最重要的文化，就是鼓励反馈和建立真实透明的环境，讲真话的环境对于技术团队来说非常重要。战略管理者应建立良好的沟通渠道，确保员工能够自由表达想法，并对公司决策产生影响。

任正非将华为人定位为"工程师商人"，这一理念体现了华为的企业文化和人才战略。这里的"工程师"强调的是员工的技术能力和专业素养，华为注重技术研发和创新，要求员工具备扎实的专业知识和解决问题的能力。而"商人"则强调的是员工的商业意识和市场敏锐度，华为鼓励员工关注市场需求，具备商业头脑，能够将技术优势转化为经济效益。

这一理念旨在培养既懂技术又懂市场的复合型人才，使华为在激烈的市场竞争中保持领先地位。通过这种定位，任正非希望华为人能够在技术创新和商业运营之间找到平衡，推动公司持续健康发展。

企业创新文化的建设基于一种氛围，这样的氛围可以吸引和留住优秀的技术人才是植入技术基因的重要环节。企业应建立高效的招聘流程，优先考虑具备创新能力和技术背景的人才。企业激励什么，企业的员工就向哪一个方向移动，这是铁的规律，但如果在文化氛围的熏陶之下，基于内驱力的移动，那就是一种文化上的成功。

这种内驱力来源于企业文化的深厚底蕴和员工的自我实现需求。当企业文化与员工价值观高度契合时，员工会自发地追求企业的目标，形成强大的凝聚力和向心力。这正是企业文化建设的最高境界。

2. 企业文化思考及策略指引

●倡导创新精神，鼓励员工勇于尝试

创新精神在企业内的生长是一种自然而然的过程，问题是，企业在创办时，这种精神力量就开始暗暗生长了。企业文化的表述很简单，就是大家都这么干了，我也受到了影响，觉得不这么干不正常。只不过，有一些企业文化，把优秀和卓越当成了一种寻常，不优秀、不领先才是不正常的状态，这就是安迪·格罗夫（Andy Grove）提出的"只有偏执狂才能生存"的管理理念，这影响了许多企业家。

"倡导创新精神"意味着在一个组织或团队中，积极推崇和提倡不断探索新思路、新方法的态度和行为。创新精神是推动进步和发展的重要动力，它鼓励人们不满足于现状，而且不断寻求改进和突破。做第一其实需要非常大的内在勇气，而勇气多数情况下都是企业文化赋予的。让员工敢于去试验新的想法和方法，即使这些尝试可能不一定成功。这种鼓励有助于营造一个开放、包容的氛围，让员工不惧失败，从而激发更多的创新潜能。

实际上，一个创新企业内，其创新叙事模式是至关重要的，企业内流传的故事，如果整个领导层团队都是"阴险狡诈"的角色，那么企业所有的文化氛围就是相互拆台的。

在硅谷的创业企业中，流传着一个关于年轻创业者团队通过颠覆性创新获得世界认可和巨大财富的故事。这种故事在企业内部产生了深远影响，塑造了员工的行为模式。年轻的团队通过全新的思维和方法，打破传统行业规则，创造出前所未有的产品或服务。乔布斯车库创业等等成功的故事激励着每个员工追求卓越，相信自己也能创造奇迹，从而带来个人和社会的双重回报。在这里，成为一流工程师不仅是职业目标，更是一种身份认同和荣耀象征。员工以此为荣，并为之努力奋斗。中国很多一流理工大学毕业的理工工程师，也受到文化的感召，在这里开创自己的事业，这就是文化逻辑和文化吸引力在起作用了。

笔者和深圳的很多创新企业家进行交流，这些多数都是理工出身的人，对于技术工程有强烈的偏爱，创始人对于技术人才也格外关注，他们将工程师视为企业的核心资产，创造一个重视工程师意见和建议的文化氛围。定期召开员工意见征集会议，让工程师参与公司决策，提升他们的参与感和归属感，都有一种"玩出大东西"的内在愿望。

而笔者参与讨论的，其实是创新文化有效性的问题，还是像唐僧念经一样，告诉这些充满创新热情的创业者，在工作者，要促进工程师与业务团队之间的紧密合作，确保技术创新与市场需求密切相关。通过让工程师深入了解客户反馈和市场动态，能够更好地指导技术开发和产品改进。

●营造宽松的创新氛围，容忍失败

创新，可视为对未来的一种探索性实验。它要求我们不断尝试新的方法、技术或理念，以满足未来的需求或解决潜在的问题。与此同时，创新并非毫无章法，而是遵循一定的规律，这些规律来源于过去的成功与失败经验。

要保持创新文化，组织需鼓励员工勇于尝试，容忍失败，并提供必要的资源支持。此外，建立有效的知识分享机制也很重要，它能加速创新的传播和应用。

提高创新成功率的关键在于精细化的创新管理。这包括明确创新目标、进行市场调研、评估技术可行性、制订详细计划以及监控执行过程。通过科学的流程和方法，可以降低盲目性和风险，从而增加创新的成功概率。

因此，对于企业如何营造更轻松的创新氛围，其实就是10个字："做人要松弛，做事要严谨。"

一些创新氛围好的企业，工程师们可以保持一种轻松自在的状态。不必过分紧张或刻意迎合管理者，而是要展现真实的自我，享受创新的乐趣。但企业都有严格的运作流程，他们需要认真对待每一个细节，遵循规则和流程，确保工作的质量和效率。严谨的态度能够培养我们的专业素养，赢得他人的信任和尊重，因为，在文化领导力组织中，发挥领导力价值的主要是影响力和贡献。

在创新氛围浓烈的企业中，员工们说真话不会受到打击，战略管理者建立容忍失败的氛围至关重要。这样的环境能让员工感到安全，敢于提出并尝试新的想法，而不必担心因失败而受到惩罚。工程师文化中的实验精神和持续改进意味着不断尝试和优化。这种文化鼓励员工勇于实验，不怕失败，因为每一次失败都是向成功迈进的一步。将失败视为学习机会，是企业激发员工创新勇气的关键。这种观念转变不仅促进了个人的成长，也推动了整个组织的创新和发展。失败不再是终点，而是探索和学习的新起点。

创造一个开放、自由的环境，鼓励员工提出新想法，不受拘束地交流和探索，宽松的氛围能激发员工的创造力，促进跨领域合作，加速创新成果的产生。在创新过程中，接受并理解失败是常态，不因一次失败就否定整个努力。容忍失败能减轻员工的心理压力，鼓励他们勇于尝试，从错误中学习和成长，进而推动持续改进和创新。

企业组织文化领导力的重要性。对于高悟性的战略管理者而言，他们深刻认识到企业文化领导力是核心力量。尽管物质资源可能因各种情况而消散，但强大的创新文化和组织文化具有持久的凝聚力，能在经历冲击后重新整合。

这种观点与中国历史中的某些现象相呼应。历史上，许多政权和财富都可能在短时间内消亡，但那些拥有深厚文化底蕴的民族或国家，总能在逆境中复兴。这是因为文化不仅代表了价值观和信仰，还能激发人们的归属感和创造力，形成持久的团结力。

●举办创新活动，激发员工创新热情

举一个比较知名的鼓励创新文化的活动案例，"20%时间"项目。谷歌的"20%时间"政策是指公司允许员工将20%的工作时间用于个人感兴趣的项目或创新。这一模式不仅促进了员工的创造力和积极性，更为公司的持续创新打下了基础。通过给予员工一定的自主时间，谷歌鼓励员工追求个人兴趣和激情。这种自由度使员工能够更充分地发挥创造力，探索新的想法和解决方案。员工在从事自选项目时，能够运用多样化的思维方式和技能，激发新的视角和创新。这种多样性为公司带来了更多可能性，推动了真正的创新。

这种活动让每一个工程师都觉得自己的想法被重视，从而更加投入于公司的整体目标。当员工能够自主选择项目时，往往会更加积极主动。这种积极性不仅体现在个人项目上，也会反过来提升他们在常规工作中的表现。

事实上，"20% 时间"项目催生了很多成功的产品，如 Gmail 和 Google News 都是在"20% 时间"中诞生的。这些项目不仅提升了公司的产品线，也为公司创造了巨大的经济价值。"20% 时间"模式强调了灵活性的重要性。企业可以根据员工的兴趣和市场需求调整工作安排，促进更高效的工作方式。同时，真正的创造性人才会在公司的支持下，获得个人的最大发展空间，不至于创业和技术方案被程序性工作埋没掉。给予员工必要的时间、资金和技术支持，让他们有机会将创意转化为实际成果，其实是一个好主意。

第三篇
从创新到赋能

第十三章　人才赋能，智慧驱动

1. 核心战略行动：吸引和培养优秀人才

"找到合适的人、正确的激励、做好对的事"是企业战略管理的三大核心原则。

找到合适的人意味着企业需要根据自身的发展战略和业务需求，招聘和选拔具备相应技能和素质的员工。合适的人才能更好地融入团队，发挥个人潜力，为企业创造价值。一个企业，由不同的管理团队来管理，产生的结果会截然不同，认识到这一点，也就是认识到企业战略运营的本质就是经营人才。

人才需要环境才能够发挥作用，正确的激励是指企业要建立合理的薪酬和奖励制度，激发员工的工作积极性和创造力。适当的激励措施可以提高员工的工作满意度，进而提升整体绩效。人才基础厚的团队，能够挑战产业难题，成为产业规则的制定者，做好对的事强调企业管理者要制定明确的目标和战略，并确保所有决策和行动都围绕这些目标展开。这有助于企业在复杂多变的市场环境中保持方向感，实现可持续发展。

对于人才策略，最好的方式就是用人才来吸引优秀人才，形成一个相互吸引的良性循环。组织需要有能力识别并吸引行业内的顶尖人才。这不仅包括提供有竞争力的薪酬福利，还包括创造一个充满挑战和发展机会的工作环境。当优秀的人才加入后，他们的成功经验和声誉会吸引更多的人才加入。这种"马太效应"能够显著提升组织的整体实力。随着优秀人才的不断聚集，组织的创新能力、执行力和市场竞争力都会得到增强。这反过来又为吸引更多优秀人才提供了有力的支持，从而形成了一个正向的、自我强化的循环。

在某一领域或多个领域具有出众能力、素质和潜力的人。当一个组织或团队中存在这样的优秀人才时，他们自身的才华、工作态度和成就往往会成为一个"磁场"，吸引更多同样优秀或有潜力的人加入。这种吸引不仅仅是基于个人魅力，更多的是因为优秀人才所创造的工作环境和文化。这样的环境通常充满挑战、鼓励创新，并提供良好的职业发展机会，从而吸引更多追求卓越的人。人才向人才学习，分享彼此的经验，展开对话，会达到意想不到的效果。

高水平的人才通过分享经验、知识和技能，帮助其他团队成员提升能力，这是一个互为教育的过程，人才密集型企业比大学的知识生产更加高效。优秀人才的榜样作用和指导可以激发其他人的潜力，促进整体团队的成长。当一个成员得到提升后，他也能反过来为团队贡献更多，形成良性循环。这种动态的赋能过程使得团队整体水平不断提升，适应变化和挑战的能力增强。

完成吸引并且将人才纳入团队之中只是第一步。在人才团队中，用人才赋能人才是一种方略，优秀的人才只有和同样优秀的人才在一起才会擦出火花。读者如果注意观察，一些拥有高价值人才团队的企业，人才是多样性和专业性的，人才团队通常由具备不同技能和背景的成员组成，每个人都有自己的专长领域。团队成员之间通过协作，能够发挥各自的优势，弥补彼此的不足。人才管理的方法论很简单，就是一句话：发挥每一位人才的擅长，通过战略管理赋能，获得非凡成果。

战略24条法则

企业培养基于价值观的管理人才和管理干部梯队，是战略管理者的核心职责。这一过程确保了管理团队的素质和能力与企业文化和长远目标相契合。强调从企业内部选拔和培养管理人才，是因为他们更了解企业实际运作和文化底蕴，能更好地引领团队沿着既定的价值观和发展道路前进。

企业价值观和发展道路的不变质，对于保持企业稳定性和持续竞争力至关重要。战略管理者需时刻警惕，确保新晋管理队伍能够坚守并传承企业的核心价值观，不因短视或外部诱惑而偏离既定方向。旨在保障企业稳健发展，确保其文化和道路的纯粹性。

在企业管理中，对于技术路线的专家，需采用灰度思维和开放思维，这两者对企业发展至关重要。

灰度思维，意味着在决策时不完全依赖非黑即白的判断，而是考虑多种可能性，做出更全面的人才决策，只要对企业有贡献的专家人才，就可以合作和使用。这有助于技术专家在复杂多变的环境中灵活应对，减少风险。

开放思维则鼓励企业打破常规，积极引入外部资源和创新。在全球化背景下，这意味着要敢于与全球及本土竞争对手争夺优秀人才、先进技术等资源。这种思维方式有助于企业保持竞争力，推动技术创新和发展。

在人才管理中，选择性确实大于培养性，这是基本原则。企业不同于学校，学校可以慢慢培养学生的能力，而企业更注重实效和成果。因此，在人才选拔时，企业就应找到那些已经具备所需技能和潜力的人才。企业接纳合适的人至关重要。不合适的人即便经过培训，也可能无法完全满足企业的需求，甚至可能带来负面影响。

最后，企业在使用人才的过程中需要学会区分，赋能给合适的人才，淘汰不合适的人。不同的人才具有不同的优势和特长，企业应根据其特点合理分配任务，最大化发挥每个人的优势。同时，也要及时识别并调整那些不适应岗位或企业发展需要的人员。

2. 人才资本思考及策略指引

●制定有吸引力的人才策略，吸引高端人才

企业经营确实既动态又复杂，这使得战略管理者在决策时可能因信息不全或判断失误而产生认知失准。简单说，就是对经营状况的理解可能出现偏差。缺钱是最容易得出的结论。

说到企业经营的好坏，表面看似乎是资本运作的事，比如资金够不够、投资回报率如何等。但实际上，更深层次的原因是人才问题。人才是企业最核心的资源，他们决定了企业能否制定出有效的战略，能否高效执行，以及能否不断创新和适应市场变化。人才的质量直接影响到企业的竞争力、创新能力和长期发展。

企业在全球化背景下，将网罗高端人才视为核心策略，这一观点体现了现代企业管理的深刻认识。这是对于人才资本的认识论问题，对于战略管理者来说，需要识别出什么是好东西，什么是经营的关键元素，这至关重要。高端人才能够自行开拓，在组织赋能和资本赋能的情境之下，能够自己开创一番事业。

高端人才通常指的是在其领域内具有深厚专业知识、丰富经验和卓越能力的人才。他们不仅能够高效执行现有任务，更具备开拓新事业的战略潜能。这种潜能体现在他们能够洞察行业发展趋势，发现市场机会，并制定有效的战略规划来引领企业进入新的领域或创新业务模式。

高端人才为企业带来了引领产业的机会。他们可以通过自身的专业知

识和影响力，推动企业的技术创新、产品升级和市场拓展，从而在激烈的市场竞争中占据有利地位。此外，按照前文逻辑，他们还能够吸引和带动更多优秀人才加入，形成强大的团队效应，进一步提升企业的综合竞争力。

我们在思考企业如何吸引高端人才的过程中，不妨进行逆向思考，我们常常看到某些地区人才扎堆、人才辈出，而另一些地区却面临高端人才缺乏的困境。分析一下这些地区和企业高端人才缺乏的原因，我们就能够找到合适的人才项目。

高端人才往往青睐于那些拥有良好生态系统的地区。缺乏高质量的教育机构、创新企业和多样化的职业发展机会，使得某些地区无法吸引和留住高端人才。他们倾向于在全球创新中心进行扎堆，对于企业而言，高端人才在哪里，企业就应该在哪里，一流的企业在全球创新中心都有研究院和事业部门。

一些地方和企业仍然沿用传统的人才培养和发展模式，未能适应现代经济对多样化和创新思维的需求。这种单一的模式无法吸引高端人才，导致人才的流失。高端人才倾向于与同类为朋为伍，在同一维度进行协作，能够实现自身的价值最大化。

在高端人才稀缺的地区，往往缺乏有效的反馈机制，这会埋没人才。由于这些企业与市场之间的互动较少，导致人才无法及时获得市场的真实需求和反馈。这种缺乏反馈的环境使得人才难以发挥潜力，进而选择离开或不愿意进入这样的地区。

以上几条内容，企业反向制定策略就可以了。高端人才是企业发展的核心力量。当一个企业在"人才争夺战"中落伍，就意味着它失去了获取和保留顶尖智慧资源的机会。这种落伍不仅体现在短期内的业绩下滑，更可能导致长期的创新能力衰退。

因此，高端人才的流失还会对组织文化产生负面影响，降低整体士气和工作效率。因此，在高端人才的竞争中落伍，实际上是一个组织或国家在发展潜力、创新能力和综合竞争力上的全面落后。为了避免这种情况，必须重视人才战略，优化人才环境，确保能够吸引并留住这些关键人才。

●建立完善的培训体系，提升员工能力

企业寻找并吸引高端人才，这一策略本身就体现了对知识和技能的高度重视。而让这些高端人才在企业内部通过"师徒制"培养新人才，则是一种既高效又富有智慧的人才培养方式。

在德国、瑞士、荷兰、日本等国家的许多企业中，一些高技能人才的培育常采用"师徒制"，这一模式主要在工作现场实施。其核心理念是通过经验丰富的师父直接指导新手徒弟，使徒弟能够迅速掌握实际操作技能。大学之中硕士研究和博士研究的培养，本质上也是借鉴了"师徒制"的一些基本原则。

"师徒制"中，师父不仅传授专业技能，还传递职业精神和工作态度。这种面对面的教学方式确保了技能传承的精准性和实用性。徒弟在实践中学习，能快速适应工作环境，解决实际问题。师徒制合作中建立了深厚的师徒情谊，这种情感纽带增强了员工对企业的归属感，降低了人才流失率，这是欧洲高精尖制造业的秘密。经验丰富的师父将他们的专业知识、技能和经验直接传授给徒弟。在企业环境中，这种方式能够加速新员工的学习曲线，提升他们的专业能力。他们的言传身教对于塑造新一代员工的工作价值观和行为模式具有深远的影响。

企业也可以建立"企业大学"，对员工进行系统的职业技能和服务流程培训，在一些大企业中，这种常态化的培训机构已经成为员工学习和外界进行学习互动的平台。

企业中引入高端人才，让高端人才带一队人马出来，这里秉持一个学习原则："像大师一样思考是成为大师的前提。"高端人才不仅要学习技能，

更要学习思考方式，思考方式对于企业成功很重要。

高端人才之所以卓越，往往是因为他们具备了独特的、深邃的思考方式。这种思考方式使他们能够洞察问题的本质，提出创新的解决方案。培养组织一种理性、批判性且富有创造性的思维模式。这种思维模式能够帮助我们在复杂情境中做出明智的决策。跟随高端人才的人，可以通过学习和模仿大师的思考过程来提升自己的思维能力，将所学应用于实际，并通过反思不断优化自己的思考方式。

●提供良好的职业发展空间，留住人才

总结前文，人才的集聚与辈出是一个复杂的系统性现象，其背后涉及有效的反馈机制、良好的生态系统以及以客户为中心的文化。笔者的很多客户都是猎头市场上的常客，在全球抢人才或者进行成果合作，已经成为具备全球视野企业的标配。这种"山不走过来，我就走过去"的方式是值得赞许的。

企业要提供良好的职业发展空间，用事业留人，用名利留人，理想和现实需要进行双重满足，有长期承诺，人才不能被当成"应急的工具"。企业在引入人才之前，需清晰了解自身发展所需的高端人才类型，包括行业专家、技术领军人物等，以便精准施策。包括高薪资、奖金、股权激励等，确保人才得到物质上的满足和认可。提供先进的科研设施、宽松的创新氛围及高效的团队协作，助力人才发挥潜能。为人才提供清晰的晋升通道和发展空间，增强其长期留任的信心。另外，还有一些特殊情况，需要企业协调争取城市政策的支持，在强化服务保障，在住房、教育、医疗等方面提供便利，解决人才的后顾之忧。

人才辈出的地方通常具有良好的生态系统，包括丰富的教育资源、创新的企业环境和良好的政策支持。这种生态系统不仅能够吸引人才，还能

够培养和留住人才，使其在此扎根生长。

　　战略管理者需要按照一流人才待得住的规律来建立包容性的组织，在企业内建立多元的考核体系，对于人才的考核体系，按照知识工作者的规律来办，赋能行为是综合工程。短期是硬件留人，长期是文化留人。企业和城市为人才构建的生态系统的健康程度，对于战略管理者也是一个挑战。高端人才的空白区域很难吸引人才长期留驻。

第十四章　数据赋能，精准决策

1. 核心战略行动：充分利用数据资源

数字化企业和数据驱动模式，不是企业经营的权宜之计，而是企业适应时代必然要采取的管理模式。数字化组织和软硬设施是生产工具，不能拿起最新生产工具的企业，就是被时代淘汰的企业。

数据已经成为现代社会不可或缺的重要资产，其价值在智能时代越发凸显。战略管理者要将适应智能化社会的组织变革作为企业战略变革的重点。

智能化社会正迅速改变市场环境和客户需求，企业必须紧跟时代步伐，通过组织变革来适应这些变化，以维持竞争力，组织变革有助于企业更好地整合资源，发挥技术优势，创造新的业务模式。组织变革能够激发员工的创新精神和协作能力，提升企业的整体绩效。企业需要构建更加灵活、开放的组织结构，以便更好地应对市场的不确定性和快速变化。

数字化组织能够实时收集大量的信息和知识，在企业级人工智能、机器学习等领域，数据是训练模型的基础。高质量的数据能够提升算法的准确性和效率，从而推动技术的进步，能够为各行各业提供决策支持和创新动力。

"数据赋能"指的是通过收集、整理和分析大量数据，赋予企业或组织更强的决策能力和业务优化能力。数据不再仅仅是信息的载体，而是成为推动业务发展的关键动力。在数据驱动的基础上，整个企业内管理结构会发生巨大的变化，在信息层，在结构上形成了一个扁平的结构网络。在此基础上，战略管理者和所有的员工，其工作精确性会得到大幅提升，能够实现多层次的精准决策。

对于工作精确性的定义，马斯克说得很清楚："所有行动力的问题，其实都是源于精确性的不足。"这里的"精确性"，指的是在工作中追求细节的精准、计划的周密和执行的到位。

马斯克认为，如果一个工程师在设计时不够精确，可能导致产品性能不达标或生产成本过高，并且在生产线的调试过程中直接开除了工程师，精确性不足可能导致资源浪费、效率低下，甚至使整个项目失败。

对于战略管理者而言，如果一个管理者在战略规划和战略执行时不够细致，可能导致团队协作混乱或目标无法实现。无论在哪个领域，精确性都是成功的关键。要想在工作中取得优异成绩，就必须注重每一个细节，确保每一个计划和行动都精确无误。只有这样，我们才能高效地解决问题，实现既定目标。因此，提升精确性不仅是对个人工作的要求，也是提升整个组织效能的重要途径。

而在当下，精准决策则是指在数据赋能的基础上，利用数据分析的结果来制定更加精确和有效的决策。通过深入挖掘数据中的价值，企业可以更准确地把握市场趋势、客户需求和运营状况，从而做出更明智的选择。

充分利用数据资源进行决策的人，我们将之称为"蓝血思维"，每一年，华为都会选出具备数据思维，并充分利用数据做出贡献的"蓝血十杰"，这种思维方式强调通过数据分析来指导决策，而不是仅凭直觉或经验。"充分利用数据资源"意味着这类人在做决策时，会广泛收集和分析相关数据，从中提取有价值的信息。他们懂得如何运用统计学、机器学习等方法来挖掘数据的潜在价值。在华为，这些蓝血管理者，不仅践行数据驱动业务，也为整个企业制造数字化工具。

数据驱动的企业组织，具有冷静、客观和理性的特质，这与数据分析的精神相契合。数据是客观的，不受个人情感或偏见的影响，因此基于数据的决策更具科学性和准确性。在追求精确性的组织之中，讲话要自带数据，这是基本素养。

本书从战略管理的视角来看待数字化组织的运行，对于数字化组织中的战略管理者，仅仅拥有数字工具是不够的，领导力和决策规律比数据驱动型组织的内涵更加丰富，因此，我们还是要回到人的因素，将数字化变革当成是管理系统的一部分，而不是全部。数据驱动的组织，同样需要战略领导者拥有坚定的信念和远大的理想，能够引领团队朝着共同目标前进；数字化组织并不自带责任感和使命感，还是需要领导者始终以公司和员工的利益为重；在具备前置条件的情况下，借助数字化组织带来的数据驱动力，增强企业的决策能力，能够在复杂多变的市场环境中迅速做出正确判断。

数字化员工在本书中被称为"蓝血员工"，"蓝血员工"这一概念强调严谨、务实、注重细节和执行力。注重实际成果，谈吐注重数据和证据，通过具体行动达成目标。在复杂多变的商业环境中，对细节的精准把握是成功的关键。和战略领导者一样，在工作中，也力求精确，对待工作认真负责，不容许半点马虎，确保每项决策和行动都经得起检验。

未来企业的战略管理者必须能够从大量的数字信息中提取有用的洞见，不再仅依赖直觉或传统经验做出决策，而是需要依靠数据分析来驱动决策。通过大数据分析、机器学习模型，企业可以更精确地预测市场趋势、优化供应链管理、个性化客户体验等，而这些都需要领导者具备相应的技术知识和洞察力。

2. 数字智能化思考及策略指引

●建立数据收集和分析平台，挖掘数据价值

在数据驱动型组织中，员工确实担当着双重角色：产品服务者和数据生产者。作为产品服务者，他们负责提供具体的产品或服务，满足客户的需求。这要求他们不仅具备专业技能，还需要深入了解市场和客户，以优化产品的设计和交付。同时，他们也是数据生产者。这意味着在提供服务的过程中，员工需要收集、整理和分析相关数据。这些数据对于组织了解市场动态、客户需求以及产品性能至关重要。通过数据分析，组织能够做出更明智的决策，进一步改进产品和服务。

战略管理者意识到，在现代商业环境中，数据的重要性日益凸显，它被视为企业的重要资产，在资本市场的估值系统中，数据资产有时候比实体资产更值钱。这是因为数据能为企业提供基于客户需求深刻的洞察，助力决策，优化运营，并驱动创新。因此，员工在进行数据收集时，实际上是在为企业创造价值。

数据收集不仅仅是简单的信息汇总，建立数据收集和分析平台，挖掘数据价值，通过各种手段广泛收集数据，确保数据的多样性和完整性。企业每一个员工都是信息节点，战略投资者为了构建平台，还需要做大量的投资，通过多样化手段广泛收集数据，既包括线上问卷、社交媒体分析，也包括线下调研、传感器监测等，旨在全方位捕捉信息，确保数据的全面覆盖。高效整合并处理海量数据，进而揭示其中的潜在价值。

笔者认为，任何企业团队都必须学习信息技术和数字化组织的技术系统，认识到数字化组织带来的势能是巨大的，不理解数据驱动型组织的逻辑，就无法驾驭复杂环境。

企业战略管理者也面临着管理系统技术化的新现实，这需要管理团队具备过硬的信息技术背景和技术工程背景。企业需要搭建稳定可靠的数据处理系统，能够存储、管理并处理大量数据，运用统计学、机器学习等技术对数据进行深入剖析，发现数据间的关联与趋势。基于分析结果，提炼出有用的信息和知识，辅助决策，优化业务流程，甚至创造新的商业模式。显然，这对于一些企业管理者是一些新的挑战。

平台有效的数据收集和分析还能帮助企业发现新的商业机会，提前识别风险，从而在竞争激烈的市场中保持领先地位。因此，员工在数据收集过程中的专业性和准确性，也成为一个人工作成效的评判标准。产品服务和数据生产，这种双重任务要求员工既要关注业务成果，也要注重数据的收集与分析。它打破了传统的工作界限，让员工在提供优质服务的同时，也为组织的持续改进和创新贡献力量。

●基于数据分析，制定科学决策

实时数据分析，对于企业而言，就像是一面即时更新的镜子，反映出业务的最新动态。它能够迅速整合来自各个业务环节的数据，生成一幅全面且即时的业务全景图。这种全景图像的快速生成，让企业能够第一时间捕捉市场变化、客户需求以及运营状况，从而更准确地把握商机和潜在风险。基于这些实时数据，企业无须等待定期报告或事后分析，便能迅速做出反应，调整策略。

实时数据分析为企业带来的灵活性和速度，在竞争激烈的市场中显得尤为重要。它使企业能够迅速适应外部环境的变化，及时调整产品和服务，满足客户需求，进而提升竞争力。

实时数据分析让企业在快速变化的市场中保持敏锐洞察力和高效执行力。在笔者看来，实时数据驱动模式也改变了战略执行的过程，现在的战略制定，只需要保持方向大致正确，然后用一个又一个战术胜利，来丰富战略成果。

实时数据驱动模式显著改变了战略执行的过程。在这种模式下，战略制定不再需要过分追求一开始的精确规划，而是更注重方向的正确性。这是因为实时数据能够提供即时的反馈和洞察，使得企业能够快速调整战略以适应不断变化的环境。

那可能有读者会发现矛盾性，前文说的蓝血管理者追求精确性是一个特质，而在这里又主动保持一种"大致方向的正确"，其实这里追求的是一种"动态的精确性"，通过实时分析，企业能立即获取市场动态和客户反馈。利用最新的数据，企业可以更准确地预测未来的市场趋势。这就是符合事实的科学决策行为。

在战略框架下，基于实时数据，管理层能够在第一时间调整策略。实时监控运营情况，确保资源得到最佳利用。战略战术执行还是要保持精确性，保证出成果。通过实施具体的战术行动来达成阶段性的小目标。这些小胜利不仅有助于保持团队的士气和动力，还能在实际操作中不断完善和优化整体战略，最终实现更大的成功。

●保护数据安全，确保数据合法使用

如果从产业去观察的话，读者们就会发现，规模庞大的钢铁企业的市值只有典型互联网公司的一个零头。原因很简单，互联网企业多属于高科技行业，拥有几亿用户及行为数据，轻资产运营，增长潜力大，创新速度快，市场反应灵敏。而钢铁企业属于传统重工业，资本密集，利润率相对较低，且受全球经济周期波动影响较大。互联网公司基于数据，通过提供数字化服务或产品，能够实现快速扩张和高附加值收入。投资者对互联网公司的未来发展抱有更高的期望，认为其具备更强的成长性和创新能力。

数据资产和数字资产是现代经济中的两个重要概念，对于实体制造环节的管理者来说，理解它们或许有些难度，但其实质是非常直观的。像保护自己的眼睛一样保护数据资产，这个概念，其实就今天的市场而言，理解还是不充分的。

数据资产是企业跨越不同运营周期的基础资产，像美团、字节跳动、拼多多这些企业的大多数资产都在服务器矩阵里和员工脑子里，这是企业所拥有或控制的、能够为其带来经济利益的数据资源。这些数据可以是客户信息、销售记录、市场趋势分析等，它们具有价值，并且可以被反复利用以支持决策、优化运营和创新业务模式。

数据驱动型企业必然沉淀了大量数字资产，这种数字化形式的资产，它可以是数字资产的一种表现形式，比如抖音的推荐算法，就是一种数字资产形式，这些需要进行系统的保护，推而广之，企业存储在数据库中的电子文件、数字版权、虚拟货币等。数字资产不仅包括了数据的价值，还可能涉及知识产权、品牌声誉等无形资产的价值，都需要战略管理者对此有明确的保护流程和使用流程。

对于数据资产和数字资产被盗取或者剽窃，管理者需要感知到疼痛，这和传统时代，盗贼入室偷盗和抢劫是一个性质的行为。企业需要在建立数据平台的同时，就构建数据安全措施。

数据安全保护是一个专业领域，也是每一个数字化组织必须修建的防护栏，这里涉及一系列的数据使用规则，采取一系列措施来保护数据，防止其被未经授权访问、泄露、篡改或破坏。同时，也需要采取一系列技术保护的措施，构成企业独特的安全技术系统，这包括使用加密技术、访问控制、定期备份等手段，确保数据的机密性、完整性和可用性。

同时，数字化组织也需要小心谨慎，在数据的收集和使用中，要保持合规合法性，企业要在遵守相关法律法规和政策的前提下使用数据。这要求数据的使用必须获得相关权利人的授权，不得侵犯他人的隐私权和知识产权。使用别人的数字资产，就需要付费给别人，经过普遍的数字协议进行数字资产的共享合作，同时，数据的收集、处理和分析过程也需符合透明度和公正性原则。二者相辅相成，共同构成了数据治理的重要框架。保护数据安全是确保数据合法使用的基础，而合法使用则是数据安全得以持续保障的前提。

第十五章　合作赋能，优势互补

1. 核心战略行动：拓展合作伙伴关系

从战略管理者的视角看问题，企业在市场竞争中成功的三个关键要素：营销、产品和供应链。

这里面有一个战略排序的问题，对于关键问题的思考逻辑不能颠倒位置。营销是企业所有工作的基础。它不仅关乎产品的推广和销售，更是了解市场需求、建立品牌形象和与客户互动的重要手段。有效的营销策略能帮助企业把握市场脉搏，满足客户需求，从而推动业务增长。好产品是企业生存的根基。无论营销多么出色，如果产品质量不过关，客户很快就会流失。优质的产品不仅能满足客户需求，还能形成口碑效应，为企业赢得更多忠诚客户。

优质的合作伙伴关系带来的优质供应链是企业保持市场竞争力的基础保障。优质且稳定的供应链能确保原材料的质量和供应的及时性，降低生产成本，提高运营效率，从而增强企业的市场竞争力。

合作伙伴的关系需要被战略管理者纳入供应链管理的范畴。合作伙伴关系直接影响供应链的效率与稳定性。优质的合作伙伴能确保原材料供应稳定、生产流程顺畅，从而保障产品的及时交付。每一个大型复杂产品和服务的企业展开供应链的时候，其实就是一个合作网络，这是无数伙伴关系集成的战略合作系统。

通过战略合作伙伴关系，企业可以实现资源共享与风险共担。在面对市场波动或突发事件时，这种合作关系有助于减轻企业的压力，提升整体抗风险能力。举例来说，龙头企业和供应链上的企业进行共同研发活动，需要各自拿出预算来支持，形成统一的参数管理团队，这些对于龙头企业和合作企业来说都降低了风险，龙头企业往往直面用户，而供应链上的企业则能够在高价值的供应链上更好地生存和发展。

战略管理者有一个重大的管理命题，就是如何实现对于供应链上外部其他企业资产的管理。其核心在于优化整个供应链的运作效率和响应市场变化的能力，对于整个供应链上的企业生存和效率负责。这对于龙头企业"价值最大化"思维模式是一种反思，也是合作生态模式的一种重构。一个良好的供应链管理，绝不能表现为一个富豪和一群乞丐的故事。

新的供应链管理是一种"合作赋能，优势互补"的关系，这是一个企业合作的圈层模式，这种共生模式的最终结果，就是企业与客户之间形成了一种长期的合作关系。无论市场环境如何变化，伙伴和客户都不愿意轻易离开企业，而企业也能够通过持续为伙伴和客户创造价值，保持自己的竞争优势。

在今天，一个世界级企业往往会外挂成千上万的协作型中小企业，很多国内的经营管理者并不能够很好地理解这种协作网络的价值。其实，这是一个重要的合作理念，它强调在合作过程中，各方能够相互增强能力，利用各自的优势资源来弥补对方的不足，从而实现共同的目标和利益最大化，只不过在供应链上有一个重新分配利益的问题。

供应链是由多个企业组成的网络，每个企业都拥有自己的资产，如生产设备、物流设施、技术专利等。战略管理者需要通过协调和整合这些外部资产，实现供应链的整体优化。这包括确保供应链的可靠性、灵活性和成本效益。善用者，用天下之财，其实就是这个意思。

对于战略管理者来说，所谓善用，就是通过合作赋能，跟着自己能够多赚一些钱，在长久发展路径上，能够更好地保障组织的生存。随着合作关系的深化，供应链的链主企业会将一些侧翼系统让渡给合作伙伴，形成一个完整的紧密的共生系统。关于这种关系的构建，我们将在后文中详细解释。

我们还是启用逆向思考，如果没有这些供应链上的合作伙伴关系，供应链上的链主企业就需要自己去补短板，这对于企业的战略竞争能力是一种戕害。供应链上的合作伙伴关系，就像是一个团队，每个成员都有自己的专长和优势。千万不要把他们当成外人，内外无分别是一种思维方式。链主企业就是这个团队的领头羊，它依赖这些合作伙伴来共同完成供应链的各项任务。

回到问题上，这就好比一个原本依赖团队协作的足球队，突然失去了大部分队员，队长不得不亲自上场踢各个位置，这无疑会极大地分散其精力，影响其整体表现。

因此，我们在建立新型合作伙伴关系的过程中，需要换视角重新审视问题，与其花费更多的资源和精力去处理那些原本可以外包的工作，不如善待伙伴，各方根据自身的核心竞争力和资源优势，进行合理的资源配置和任务分配。通过这种方式，可以最大化地发挥各自的优势，弥补各自的短板，从而实现整体效益的提升。

2. 生态伙伴思考及策略指引

● 寻找战略合作伙伴，实现资源共享

20世纪90年代，有三个管理思想开始兴起：对标管理、合作联盟和流程再造。这是管理领域的三板斧，到今天为止，还是非常重要的管理体系，这些战略管理方法可以单独使用，也可以一起综合使用。文本谈及的是如何深度理解战略合作伙伴关系，对于很多读者来说是有启示价值的。

笔者结合智和岛战略咨询的实践，对于三大管理体系在当下的数字智能社会下，进行进一步的探讨，我们站在巨人和企业先行者的肩膀上向前一步，能够结合现实去做更深度的理解。

对于供应链和价值链的链主企业而言，在当下的经营语境中，该学习的标杆是那些接触的价值链和供应链管理者，即办企业的价值不仅体现在自身的利润积累上，还体现在一个大事业家的思考，即如何卷积更多的社会经济资源，让千万个供应链企业能够共享高价值体系的成果。今天的中国企业需要通过寻找行业内外供应链管理的最佳实践，并以此为基准来设定自身目标、改进绩效的方法。我们需要学习和模仿成功者的价值链管理经验，从而找到自身的差距并进行提升。

让自己做大做强的逻辑变成了带领一群企业完整价值链的组建，让一群企业实现结构性做大做强。带领一群企业完整价值链的组建，则是在此基础上，将多个企业的资源和能力整合起来，形成一个更强大的整体。在这个整合的基础上，通过优化价值链的各个环节，提高整体效率和竞争力，从而实现更大规模和更强实力的发展。一家龙头科技企业，在价值链上就能够生存着几十、几百家专精特新企业。

今天的价值链管理影响供应链管理，旧时代的合作联盟在今天会相互共生的机制，比合作联盟的关系更加紧密，通过资源共享、风险共担，企业能够在竞争中获得更大的优势。资源共享意味着联盟内的企业可以相互利用各自的资源，如技术、资金、市场渠道等，以达到优势互补的效果。这样，每个企业都能在合作中获得所需的支持，从而提升自身的竞争力。

风险共担则是指联盟企业在面对市场风险、技术难题或其他挑战时，能够共同分担风险，减轻单个企业的压力。这种合作方式有助于企业在复杂多变的市场环境中保持稳健发展。

之前的流程再造模式基于企业内部的业务流程进行根本性的重新思考和彻底重建，目的是在成本、质量、服务和速度等关键指标上取得显著的改善。但是今天的战略管理者需要站在一条完整的价值链上去思考问题，设计一个基于价值链的复杂合作流程如何运转起来，这就需要借助数字化平台和数字化组织的力量，先完成完整价值链变成数字化组织系统。

战略管理者不仅需要在内部寻找价值点，也需要在整个价值链上寻找价值点，然后用数字化平台将其链接起来，形成一个实时的协作网络和利益分配网络。寻找和选择优质合作伙伴是很多战略管理者的核心工作之一，之前努力寻找的体系是一个高端人才体系，现在需要寻找的对象是一个完整的价值创造团队。这不再是"战略管理者—高端人才"的关系，而是"企业家—企业家"之间的关系。在以往的管理学书籍中，较少提及这些，这些都是智和岛在自己的工作实践中得到的思维和实践系统。

企业在特定领域或业务上有共同利益，能够长期合作并共同发展的伙伴，通过合作机制，共同使用彼此的资源，以提高资源利用效率和效益。相互之间可以调取技术、资金、人才、设备等资源的共享，旨在降低成本、提高创新能力、扩大市场份额。在资源共享时又促进了合作伙伴关系的深化和发展，最终连成一体化的深度协作型组织网络。

●建立合作机制，明确合作方式和利益分配

供应链管理和合作伙伴关系管理，需要跳脱本位主义的陷阱，为所有参与的利益相关者制定一套规则，这也是"诸侯王"们通过合作深化之后自动自愿集成在一起的新系统。

只有提供更大价值的供应链才能够吸引企业参与，因此能够建立供应链协作机制的企业，都是高价值的合作链条。超越供应商的合作网络，需

要构建信任平台和共识型的信任规则。

合作机制大体化会有几个方面的构建：建立和维护与供应链上下游企业的良好合作关系；通过数字化平台等手段实现数据的实时共享，提高整链决策的准确性；识别和应对供应链中的潜在风险，提供资金和技术支持，确保供应链的稳定性；定期评估外部企业的绩效，确保其符合整体战略目标。

合作机制是一套规则和流程，确保各方能够有序、高效地协同工作。这包括决策方式、沟通渠道以及问题解决机制等，为合作提供制度保障。对于具体展开合作。机制涵盖了诸如资源整合、任务分配、信息共享等方面的内容。明确合作方式有助于各方更好地发挥自身优势，实现共同目标。比如，供应链上比较紧要的事情是数字化工作平台和供应链金融，一个提供信息，另一个提供资金，构建供应链合作信用网络，这些都会对整个合作关系网络起到推动作用。同时，合作必然涉及利益的共享与分配。明确利益分配原则能够减少矛盾和冲突，确保各方在合作中得到应有的回报，从而维持合作的稳定性和持续性。

供应链合作是一种综合赋能的体系，很多战略赋能的内容是超越利润本身的，比如说，在扶植供应链合作企业的过程中，链主企业可能会为合作企业提供完整的管理体系，和产品模块的研发管理流程，这些观念系统和管理系统的导入，可以大大增强企业发展能力。

在供应链中，随着合作关系的逐渐深化，链主企业会考虑将一些侧翼系统让渡给合作伙伴。这一做法的核心目的是构建一个更加紧密、高效的共生系统。

链主企业通常是供应链中的主导者，拥有较大的影响力和资源。而侧翼系统可能是指那些辅助核心业务，但并非核心竞争力的系统或功能。比如手机镜头欧菲光和华为之间的合作关系，就是这样的深度供应链合作关系，双方的研发工程师是联合做科研的，对于欧菲光而言，供应链的加持能够为企业长久发展提供坚实的基础，在自己的专业领域敢于下注，去做世界领先的产品模块和应用方案。

当链主企业将这些侧翼系统让渡给合作伙伴时，实际上是在优化资源配置，使每个企业都能更专注于自己的核心优势。这样，整个供应链能够形成更高效的协同效应，每个环节都能得到更好的优化。

● 加强合作沟通，确保合作顺利进行

价值链和供应链管理确实需要战略领导力，这就像是圆桌武士的合作机制。圆桌武士则代表着平等、协作与共同目标的精神。各方需要更加积极、主动地交流信息、分享想法。这不仅有助于及时发现和解决问题，还能增进彼此的了解与信任，为合作的深入发展奠定基础。良好的沟通能够消除误解、减少摩擦，使合作各方能够协同工作，共同实现既定目标。若沟通不畅，可能导致合作受阻，甚至引发冲突。

供应链上的合作与信任关系超越了简单的任务协作，涉及两个团队或群体间的深层次互动。组织价值观的融合是合作稳固的基础。当双方组织的核心价值观相互契合时，成员们更易形成共同的目标和愿景，从而增强合作的向心力。人之间的性格包容也不容忽视。在长期合作中，个性差异和行为方式的不同难免会导致摩擦。若能相互理解、尊重并包容这些差异，便能减少冲突，增进互信。

尊重利益尊重人，供应链战略管理者不能用自己的优势地位来霸凌合作者，谦逊和平等是战略合作模式的基础，这些非正式因素虽不像合同条款那样明确，但它们在维系合作关系中起着举足轻重的作用。只有当双方在这些方面达成共识并付诸实践，长期战略合作关系才能真正稳固并持续发展。

健康的协作关系是价值交换和共同价值增值，当双方都进入纵深合作，

提供高度定制化的服务时，会产生极大的信任感和依赖感。这种依赖感是一种无形的抗竞争壁垒，它使得供应链合作即使面对其他竞争对手的诱惑，也不愿意轻易更换合作伙伴。

战略管理者需要协调整个链条的资源和利益分配，这种合作机制也强调各环节之间的协同与配合，如同价值链中的每一个环节都为整体价值贡献力量，而供应链中的各个节点也需紧密相连，确保资源的顺畅流动。这种协同效应能够提升整体竞争力，实现共赢发展。

第十六章　科技赋能，效率提升

1. 核心战略行动：运用科技手段提升效率

企业发展的动力机制有两种，一种是外在动力，另一种是内在动力。管理学领域将外在动力归为技术科技领域，将技术能力作为企业发展的动力引擎；而内在动力则是战略管理者内心里对于自己生命意义的独特感受，一定要完成一个目标，完成自己信念里需要完成的事情，有一种舍我其谁的自我认同感。

在技术思想家布莱恩·阿瑟的眼中，企业大部分技术知识包括流程性的管理知识都是"技术"，在其著作《技术的本质》中，他提出了"技术就是经济"的观点，这一理念深刻且富有洞见。举例来说，每一次产业变革基本上都是基于产业技术的颠覆性变革，历史上的每一次产业革命，本质上都与"产业技术革命"有关，对于企业战略管理者而言，技术战略是企业战略系统非常重要的一环。因此，对于缺乏自主技术战略，不设立研发部门的企业，在经营上是很奇怪的事情。

企业为何一定要有自己的技术战略，这是由企业的本质决定的。彼得·德鲁克曾经说过："企业是代表人类掌握一种专门知识的组织。"这句话深刻揭示了企业的本质和其在知识社会中的角色。在他看来，企业不仅仅是一个经济实体，更是一个代表和运用专门知识的组织。这里的"专门知识"指的是企业在特定领域或行业内所积累的专业技能、经验和技术。

企业的利润若主要依赖于独特知识创造的顾客价值，这是可持续的竞争优势。独特知识难以被复制，能为企业构筑技术壁垒，即"护城河"。没有这样的护城河，企业就容易受到市场波动和竞争对手的冲击。技术战略存在的价值也是如此。

笔者和很多陷入困境的企业做战略咨询合作，问题就是在以往的经营中，缺少构建包括技术战略在内的差异化战略，因此，通过价格战来实现规模化，短期内可能增加市场份额，但从长期来看，这种方式会压缩利润空间，损害企业的盈利能力。而且，一旦价格战结束，若无其他竞争优势，企业很难维持其市场地位。

健康的竞争逻辑应建立在产品或服务的差异化以及持续创新上，而非仅仅依靠低价策略。缺乏技术护城河的企业，在激烈的市场竞争中容易失去优势，因为它们难以抵御新进入者或创新者的挑战。

企业走科技创新路线突破了单一效率主义的陷阱，避免了市场中的边际效益递减的竞争框架。因此，在智和岛战略咨询的方案中，"定价权、效率和技术创新"是三位一体的方案。定价权意味着企业能自主设定产品或服务的价格，而不完全受市场波动影响，利润率也是一种效率。这通常源于品牌影响力、独特的产品技术特性或市场领先地位。效率关乎企业运营过程中的成本控制和资源利用。高效的运营能降低成本，从而在定价时留出更多空间，增强企业的利润率和市场竞争力，拥有独特技术的企业效能管理是管理者的责任。技术创新是推动企业持续发展的关键。通过不断研发新技术或改进现有技术，企业可以提供市场上独有的价值，进而获得定价权。同时，技术创新还能提升生产效率，降低成本。综合药方要比单一药方强得多。

但对于一些在成熟产业中的企业，笔者觉得基于科技的效能管理还是企业日常运营的基础工作。科技效能是所有领先企业秘而不宣的一个认知。基于科技的效能管理，是利用先进技术工具对组织绩效进行全面、精准、高效的监控与提升。技术的首要功能在于解决特定问题或满足特定需求。随着技术的不断进步，企业在生产过程中可以采用更为高效的工具和方法，从而显著提高生产效率。

举例来说，在江苏昆山，富士康一家企业就部署了5万台机器人，这种所谓的"灯塔工厂"，利用先进的工业技术，如物联网（IoT）、人工智能（AI）和大数据分析等，实现了高度自动化、智能化和可持续化的生产模式。

富士康电子产品的生产线，大量采用机器人和自动化设备，减少人工干预，提高生产效率。通过实时数据采集和分析，优化生产流程和质量控制。不断探索和应用新技术，推动制造业的创新和发展。自动化工厂通过集成各种自动化设备和系统，实现了生产过程的连续化和智能化。机器人则以其高效、精准和不知疲倦的特性，在生产线上的各个环节发挥着关键作用，从原材料搬运到产品装配，再到质量检测，几乎无所不能。它大幅提高了生产效率，减少了人为错误，降低了生产成本，因为机器人可以连续工作而不需要休息，提升了产品质量的一致性和可靠性。

技术创新往往能够带来成本的降低。例如，企业的数字化工作平台的发展让企业能够通过数据分析优化供应链管理，从而减少库存和运输成本，让普通的企业也能够使得管理达到精益管理的信息水平。在成熟市场，降低的成本不仅使企业获得更高的利润，也使消费者受益于更低的商品价格，获得相对安全的市场地位。

2. 战略技术工程思考及策略指引

●引入先进的科技设备，提高生产效率

在出色的工业效能管理系统中，先进的自动化设备和出色的管理协同团队是一体两面的关系。自动化设备为管理团队提供了强大的技术支持和数据基础，而管理协同团队则通过有效的策略和协调使自动化设备的优势得到充分发挥。只有这样，工业效能管理系统才能达到最佳状态，实现更高的生产效率和质量控制水平。

以特斯拉的上海超级工厂（Gigafactory Shanghai）为例，这家工厂以其卓越的生产效率和快速的市场响应能力，引起了广泛关注。原因就在于出色的管理协同能力充分发挥了自动化工厂的效能，其超级工厂采用了高度自动化的生产线和机器人技术。特斯拉的智能制造系统可以自动完成车身焊接、涂装、总装等工序，大大提高了生产效率。此外，特斯拉还引入了先进的电池生产线，实现了电池的自动化生产和高效管理。据数据，特斯拉的超级工厂每天可以生产数千辆电动汽车，生产效率远超美国工厂。

就提高生产效能而言，先进生产线代表了生产工具，代表了生产力水平，但使用工具的人更加重要，因此，即使在超级工厂中，还是以人为本。长三角经济区域类似德国的经济结构，拥有大量的机械和电子类的工程师群体和技师群体，也有大量进行数字管理系统的信息工程师群体，而且拥有高度的纪律性，加上工厂能够轻松招募到技术熟练、适应性强的员工，保证了生产线的高效运作。

上海超级工厂通过建立本地化的供应链，显著降低了物流成本和交货时间。与本地供应商的紧密合作，使得生产材料能够更快速地到达工厂，减少了生产中的等待时间。中国的制造业体系相对成熟，能够快速应对市场变化和订单需求。特斯拉能够根据市场反馈快速调整生产计划，提高了灵活性和响应速度。

根据工厂的照片和视频，我们能够看到，这家上海超级工厂采用了许多先进的生产工艺和技术，比如自动化生产线和智能制造系统。这些技术的运用使得生产过程更加高效，减少了人力成本和生产周期。还实施了快速迭代和持续改进的生产模式。团队定期评估生产线的效率，及时发现并解决问题，以不断优化生产流程。

具备一流管理团队和技术工人群体，加上先进的数字智能制造系统，这是这家企业胜出的基本方略。同时，特斯拉在上海的超级工厂推行扁平化的管理结构，工厂强调团队协作和员工参与，鼓励员工提出改进建议，减少了层级，使得信息沟通更加顺畅。员工能够更快地做出决策，提升了工作效率。

●利用数字化技术，优化管理流程

精益生产思想和智能制造的结合，是科技工业产业继续保持竞争力的关键环节。管理思想的合流，可以优化企业复杂系统的管理流程，我们能够看到拥有全球供应链的手机企业，有条不紊地进行全球生产和营销网络的协同能力，这是过去一些中小企业管理者所无法想象的。

精益生产思想强调以最小资源投入创造最大价值，通过消除浪费、持续改进和优化流程来提升效率。智能制造则是利用物联网、大数据、人工智能等先进技术，实现生产过程的智能化、自动化和柔性化。结合起来之后，智能制造的技术手段可以帮助精益生产更精准地识别和消除浪费，智能制造提供的实时数据分析能够支持精益生产中的持续改进决策，智能制造的灵活性使得生产能够快速响应市场需求变化，这与精益生产追求的快速响应市场理念相契合。

数字智能化组织意味企业的战略和运营系统架构在数学算法和数据的基础上，这种组织形式通过收集、分析和应用大量数据，优化决策过程，提高运营效率，并实现业务创新。其所追求的不仅是规模性效能，主要指向创新效能。

"规模性效能"通常指的是随着生产规模的扩大，单位成本逐渐降低，从而实现更高的整体效率。这种效能的提升主要依赖于规模经济，即通过大量生产来分摊固定成本。而"创新效能"则侧重于通过技术创新、管理创新、商业模式创新等方式来提升效能。这种效能的提升不仅仅依赖于规模，更依赖于质量和独特性，通过不断创新来获得竞争优势，以实现更高层次、更可持续的发展。

流程性组织变革的主要目的是通过提升组织的效率和响应速度，更好地满足客户需求。在这一过程中，数字化组织的快速响应能力起到了关键作用。数字化技术能够迅速收集和分析客户数据，帮助组织更准确地把握市场需求的变化。

借助数字化工具，企业可以实时调整生产和服务流程，确保资源的合理配置和快速响应。这种灵活性不仅提高了客户满意度，还促进了组织的创新能力。通过数字化手段，企业能够快速试验和推广新产品或服务，从而在激烈的市场竞争中保持领先地位。

此外，流程性组织变革强调以客户需求为导向，推动各部门之间的协同合作，打破传统部门壁垒，形成更加高效的工作流程。这不仅有助于提升整体运营效率，还能增强企业的市场竞争力和可持续发展能力。

在战略层面上，企业基于数据分析制定更精准的市场定位和发展方向。数学算法帮助企业预测市场趋势，识别潜在机会和风险，从而制定更具竞争力的战略。而优化管理流程则意味着通过简化步骤、自动化任务和标准化操作来提高工作效率。数字化技术可以实现流程自动化，减少人为错误，加快响应速度。

●探索人工智能等新技术，提升企业竞争力

发展企业级的人工智能已成为企业提升竞争力的重要手段。这主要体现在两个方面：数据融合与智能服务。

在数据融合方面，人工智能能够高效地处理和分析大量数据，帮助企业更准确地把握市场趋势、客户需求以及运营状况。这种能力使得企业能够制定更为精准的策略，优化资源配置，从而在激烈的市场竞争中占据有利地位。

在智能服务领域，人工智能的应用同样展现出巨大潜力。通过智能客服、智能推荐等系统，企业能够为客户提供更加个性化、高效的服务体验。这不仅提升了客户满意度，还有助于增强客户黏性，进而提升企业的市场份额和盈利能力。

举例来说，人工智能技术可以为每一个人进行数字画像，即在数字系统里为每一个人进行数字建模，这就是典型人工智能技术的应用。众所周知，字节跳动的推荐系统能够做到"千人千面"，即根据每个用户的兴趣爱好和行为习惯，为他们推荐不同的内容。

笔者觉得这是构建企业级人工智能的典型思维方式，因此，需要展开来讲述。

数字画像体系将成为未来人工智能企业服务客户的基础数字工程。笔者觉得也是本书中最为重要的战略要素构成之一。数字画像体系，简而言之，就是通过收集和分析数据来构建个体的详细特征描述。在未来，这一体系将成为人工智能企业在服务客户时的关键数字工程。首先，"数字画

像"意味着利用大数据技术，精准地描绘出每一个客户的特征，包括他们的偏好、行为模式等。这样，企业就能更深入地理解客户需求。

字节跳动的数据收集系统精细，通过其旗下的多个产品（如抖音、今日头条等）收集了大量的用户数据，包括用户的浏览历史、搜索历史、点赞、评论、分享等行为数据。同时，系统还会收集用户的设备信息、地理位置、网络状态等环境数据，以及用户的年龄、性别等基本信息。收集到数据之后，给每一个人进行数据分析和建模。技术团队利用自然语言处理、机器学习等技术，对用户数据进行深度分析和挖掘，提取出用户的兴趣特征和行为模式。基于这些特征，构建用户画像，包括用户的兴趣偏好、行为习惯、消费能力等。

字节跳动的经营活动，主要包含了两个核心要素：新技术探索与企业竞争力提升。系统能够实时处理和分析大量数据，快速响应市场变化和用户需求。这种实时性使得字节跳动能够及时调整推荐算法，提升用户体验。利用先进的机器学习算法，字节跳动的数据系统能够为用户提供高度个性化的内容推荐，增强用户黏性和活跃度，最终，让这家企业成为流量经济和内容经济时代最重要的赢家之一。

第十七章　营销赋能，品牌传播

1. 核心战略行动：创新营销策略

营销是企业运营的基础，在本书战略组合中，始终将企业营销活动作为企业活动的核心行为。它涉及对产品或服务的推广与销售，旨在满足客户需求并实现企业的盈利目标。在企业运营中，营销活动不仅是单纯的销售行为，更是一个涵盖市场调研、产品设计、定价策略、促销活动和分销渠道等多方面的综合性过程。

将营销活动视为核心行为，意味着企业在制定战略时，需优先考虑如何更好地满足市场需求。通过有效的营销，企业能够更准确地把握市场动态，调整产品与服务，从而在激烈的市场竞争中脱颖而出。此外，营销还有助于提升品牌知名度，增强客户忠诚度，为企业创造持久的竞争优势。

创新营销策略是指企业在市场营销活动中，打破传统思维，运用新颖的理念、方法和技术手段，以实现营销目标的一种策略。营销技术化和数字智能化是当下营销的一个特征，营销连接企业增长，技术营销和数字营销驱动的企业增长也越来越明显。

技术营销侧重于利用先进的技术手段来提升营销效果，比如大数据分析帮助企业更精准地理解消费者需求，人工智能则优化广告投放策略，提高转化率。这些技术手段使得企业能够更高效地触达目标客户，提升用户体验。

新的生产方法、更高效的组织形式以及创新的产品需要叠加在营销创新的基础上，满足市场需求，进而促进整个企业体系的繁荣。为了避免营销落入营销主义的战略陷阱，企业战略管理者需要做更多的资源平衡，以发挥营销的最大效能。

创新营销策略可能涉及产品创新、服务创新、渠道创新、传播创新等多个方面。比如，前文提到的字节跳动旗下的内容聚合平台，如抖音和今日头条，就是利用媒介和传播创新推动了营销链路的改变。

字节跳动的战略设计框架以数据的实时更新与个性化调整为基础，推荐系统会实时更新用户画像和内容特征库，以反映用户的最新兴趣和内容的变化。这使得系统能够及时捕捉到用户的兴趣变化，并为其推荐更符合当前兴趣的内容。系统会根据用户的反馈和行为数据，对推荐算法进行个性化调整。例如，如果用户频繁点赞或分享某一类内容，系统会加强对该类内容的推荐力度。同时，系统还会根据用户的反馈，对推荐算法进行优化和改进，以提高推荐的准确性和满意度。

在充分获得用户的数据和进行个人画像之后，这只是完成了一半的工作，另一半的工作则是来自内容特征的提取与匹配。

字节跳动的内容聚合平台，对于推荐系统中的内容（如视频、文章等），系统会进行特征提取，包括内容的主题、关键词、情感倾向等。同时，系统还会利用深度学习等技术，对内容进行深度理解和分析，提取出更丰富的特征信息。这就是为内容打上标签的过程。

接下来，内容平台就会基于用户画像和内容特征，系统通过算法进行用户和内容的匹配。在匹配过程中，系统会考虑多个因素，如用户的兴趣偏好、历史行为、当前环境等，以及内容的主题、质量、热度等。通过综合考虑这些因素，系统能够为用户推荐最符合其兴趣和需求的内容。

而企业战略管理者要做的事情，就是在整体为平台提供系统级的技术创新与算法优化能力。这是媒介技术的一次变革，也是营销进入算法时代的一个标志性事件。字节跳动在推荐算法领域不断进行创新，引入新的技术和方法，如深度学习、自然语言处理等。这些新技术使得系统能够更好地理解用户和内容，提高推荐的准确性和效率。同时，企业通过优化算法，系统能够更好地适应不同场景和用户需求的变化，提高推荐的稳定性和可靠性。

媒介技术的变革对于营销模式产生非常大的影响，在未来，元宇宙则提供了一个虚拟的、沉浸式的交互环境，进一步丰富了信息的呈现和交流方式，这将是下一场即将到来的营销革命。

在营销创新领域，营销技术和艺术是同样重要的事情。在技术领域，营销决策基于大量数据，如消费者行为、市场趋势等。同时，企业通过分析数据，发现隐藏的模式和机会，指导营销策略。营销是一种群体互动行为，是对于社会经济的深度理解之后的一种非对称的话语和品牌构建的过程，需要运用统计学、心理学等科学方法进行市场分析和预测。同时，创意和直觉在营销传播中不可或缺，使信息更具吸引力。

同时，营销也是战略性的，其行为服务于企业的整体战略目标。把营销战略摆在第一位的企业是不吃亏的，长远规划基于营销成果，营销是企业实现增长和盈利的关键环节，反映了企业的市场观念和价值导向。

在中国市场，笔者和客户的交流过程中，一直秉持着这样的客户共识："中国企业并不缺少营销，但缺少战略营销。战略营销是指企业在长期发展过程中，基于对市场环境、竞争态势、自身资源和能力的全面分析，制定并实施具有前瞻性和指导性的营销策略。它不仅关注短期的销售目标，更注重企业的长期发展和市场竞争力的提升。"

中国企业在战略营销方面的不足主要体现在缺乏系统性的市场分析和长远规划，导致营销活动往往局限于短期利益，难以形成持久的竞争优势。

营销学者菲利普·科特勒 2019 年对营销的最新定义是"驱动企业良性增长的一系列商业准则"。这个定义强调了营销在企业增长中的核心作用，并不仅仅局限于销售或推广产品。

"驱动企业增长"意味着营销的目标不仅仅是增加销售额，更重要的是通过有效的策略和方法促进企业的长期发展。"良性增长"指的是可持续、健康且符合道德标准的增长方式，而不是通过不正当手段或损害长期利益来实现的短期增长。"一系列商业准则"表明营销已经成为一套系统的、科学的商业实践指南，涵盖了市场研究、产品开发、定价策略、促销活动和分销渠道等多个方面。

2. 战略执行与营销思考及策略指引

●制订个性化的营销方案，满足不同客户需求

战略营销体现在战略执行过程中，在当下的市场中，企业的战略管理者需要思考和解决两个问题，如何与客户建立长期关系？如何提高客户的满意度？在这个营销框架下，企业再去思考如何将产品和服务传递到客户的手中。

在今天，我们需要关注客户的个性化需求，让高满意度转化为客户的忠诚度。通过持续的个性化服务，企业能够建立与客户之间的长期关系，增加客户回购率。这种关系不仅有助于提高客户黏性，还能通过口碑传播吸引新客户。个性化的服务体验使客户感受到被重视和理解，进而提高了他们的满意度。当客户的问题能够迅速得到解决或他们能根据自身需求获得精准推荐时，客户的体验自然会得到提升。随之而来的一个问题，个性

化营销会不会显著增加企业的运营成本？随之而来的解决方案是什么？

在我们这个时代，决策者最容易思考的事情就是借助人工智能解决问题。智能客服系统通过自然语言处理和机器学习技术，能够快速理解客户的需求并提供即时响应。这种实时沟通大大缩短了客户的等待时间，提升了服务效率。同时，智能客服可以 24/7 全天候服务，确保客户在任何时间都能获得支持。对于很多小额销售业务，可能面对上亿用户的基本盘，机器智能服务是一种可行的营销服务方式。

虽然初期投入人工智能技术可能需要一定的成本，但从长远来看，智能客服和推荐系统可以显著降低人力成本。自动化处理常见问题，释放了员工的时间，让他们能够专注于更高价值的工作，提高了整体运营效率。

当然，客户服务的过程其实也是一个价值增值的过程，个性化营销需要深入了解每个客户的需求和偏好，这通常涉及大量数据的收集和分析。这些额外的数据处理工作会增加一定的成本。但利用大数据分析，智能推荐系统能够根据客户的历史行为和偏好，为其提供个性化的产品或服务推荐。这种个性化体验不仅提升了客户的满意度，也增强了他们的消费欲望，从而促进了销售。

对于高额销售项目，导入定制化服务，能够为客户提供更合宜的解决方案，制订个性化的营销方案，以满足不同客户的需求，是现代营销策略中的关键环节。这一过程涉及深入了解每个客户的独特需求、偏好及行为模式。定制化可以形成相互依赖关系，这种共生模式正是营销深化的一个表现。良好的客户体验和定制模式会直接影响客户的选择，帮助企业争取更大的市场份额。随着客户满意度和市场份额的增加，企业的盈利能力也将随之提升。个性化的推荐不仅能够增加每位客户的平均消费额，还能够通过有效的客户关系管理，减少客户流失率。

●利用新媒体平台，扩大品牌影响力

品牌影响力是企业营销战略实施和成果积累的产物，体现了企业在市场上的知名度和影响力。这种影响力不仅关乎品牌形象的塑造，还涉及消费者对企业产品和服务的认知与信任。

品牌影响力是通过一系列的市场推广活动，如广告、公关、内容营销等，逐渐在消费者心中建立起的一种情感认同和价值感知。当消费者在购买决策时，能够想到并信任某个品牌，这便是品牌影响力的体现。

企业营销战略的积累，意味着企业在市场定位、目标客户群选择、产品差异化以及传播渠道上持续不断地优化和调整。这些努力最终会反映在品牌的影响力上，使企业在激烈的市场竞争中脱颖而出。

前文我们表述过，媒介技术的改变也颠覆了营销模式，媒介技术的多样化使得信息传播更加迅速和广泛。消费者可以通过多种渠道实时获取信息，这要求营销人员必须快速响应，调整策略。同时，互动性的增强让消费者在营销过程中扮演更加积极的角色。他们不仅可以接收信息，还能通过评论、分享等方式参与互动，影响其他潜在消费者。

在当下，多媒体技术的发展对于企业的营销产生了很大的挑战。企业想要完整地触达用户变得十分困难，多媒体技术让信息传播变得迅速且广泛，企业需时刻关注并快速响应市场动态。多媒体平台上的丰富内容使消费者需求日益多样化，企业需精准定位以满足不同群体的需求，同时也降低了营销门槛，更多企业能够参与竞争，导致市场更加激烈。尽管如此，企业还应积极拥抱多媒体技术，利用其优势进行品牌推广和产品宣传，同时加强数据分析与市场研究，提升营销效果。品牌可以通过发布有趣、有价值的内容吸引目标受众，与他们建立联系并互动，从而提升品牌的认知度。

在媒体环境日益碎片化的背景下，企业的传播策略也需要随之调整。

信息的多样性和传播渠道的复杂性，使得单一的传播方式已经无法满足市场需求。颗粒度思维是指将复杂问题拆解成更小、更具体的部分，从而进行深入分析和处理的思维方式。这种思维方式强调细致入微，关注每一个细节，以便更好地理解客户的需求和市场动态。

企业在进行媒体传播时，可以采用多个渠道进行组合投放。例如，结合社交媒体、搜索引擎、传统媒体等多种传播方式，实现全方位的覆盖。通过精确的数据分析，企业能够识别出哪些渠道最能触达目标客户，从而优化传播效果，避免资源浪费。

媒体传播的个性化也应基于客户的需求与兴趣。企业可以根据客户画像，制定针对性的传播内容，使其更具吸引力和互动性。通过制作不同版本的广告或营销活动，企业能够更好地与不同客户群体产生共鸣，从而提高传播效果。

企业通过数据监测工具，企业能够实时跟踪传播效果，了解不同渠道的表现。在发现某一渠道的效果不佳时，企业应迅速调整传播策略，优化资源配置，以实现最佳的传播效果。营销传播计划也变成了一个不断试错、不断调整的过程。

●开展互动营销活动，增强客户参与度

今天的营销战略制定，已经不是企业战略管理者一个人或者一个团队能够决定的了，在高度动态化的市场中，企业营销在第一时间就需要让客户参与进来，进入企业所有的运营流程，理解客户真正的需要，这样的管理模式是开门搞开发的。

在大媒体时代，营销是销售团队、广告和促销，以高效地销售产品为目的的经营理念和企业的经营活动。而现在，媒体分散，企业思考的是如何低成本触达目标市场和用户进行持续互动，最终能够将企业卓越的产品

和服务传递给客户。在今天，企业已经到了不卓越则难以生存的时代了。

我们如何识别、连接和交付顾客价值的方式正在经历显著变革。传统的营销策略和方法已逐渐不适应数智化时代的需求。如今，营销不仅要满足顾客的基本需求，更要通过数据分析和智能化手段，深入理解顾客的期望，提供个性化的服务和体验。营销还需要在企业内部发挥更大的作用，推动业务流程的改进和创新，从而实现业务增长、收入提升和利润最大化。

今天的营销越来越依赖于技术平台和客户互动，通过大数据分析和人工智能算法，企业能够更准确地把握市场需求，制定个性化的营销策略，提高营销效果。客户互动在营销中的重要性日益凸显。传统的单向传播方式已无法满足消费者的需求，而互动式营销能够增强消费者的参与感和归属感，从而提升品牌忠诚度。

互动营销的本质就是为了建立更持久的客户关系，让客户影响客户，并且将其作为一种战略资产在运营，这就是最新的营销学理论。不做一锤子买卖，已经成为一种商业原则。

互动营销让客户参与进来，案例就是小米的社区模式，虽然这个案例不新鲜，但是很典型。其核心目的在于利用客户的社交影响力，形成口碑传播，从而吸引更多潜在客户。这种营销方式不仅关注销售结果，更看重与客户的互动过程，以及在此过程中收集的客户数据和反馈，这些都可以作为企业改进产品和服务的重要依据。

互动营销意味着将客户视为战略资产，意味着企业要珍视每一位客户的价值，通过个性化服务和精准营销，不断提升客户的满意度和黏性。这样，客户不仅会成为企业的忠实拥趸，还会自发地为企业宣传，形成良好的口碑效应。

互动营销的全链路营销理论和操作方式，读者都已经很熟悉了，这种互动方式基于多媒体时代碎片化互动传播的现实，进行的一种多线程的互动方式。数据分析、客户体验设计、业务流程管理等，形成一个端到端的

"价值传递和反馈的完整闭环"。

按照已有的案例分析，全链路营销是一种整合性的营销策略，它涵盖了从品牌曝光、客户吸引、转化、留存到复购的全过程。这一策略强调各环节的无缝衔接和协同作用，以实现营销效果的最大化。全链路营销注重品牌曝光，通过各种渠道提升品牌知名度。接着，利用有吸引力的内容和优惠活动吸引潜在客户，引导他们进入销售漏斗。在转化阶段，通过优化客户体验和提供便捷的购买路径，促使客户做出购买决策。之后，通过优质的售后服务和产品支持，增强客户忠诚度，实现用户留存。通过个性化推荐和优惠活动，激励客户进行复购，形成持续的消费循环。全链路营销的核心在于数据驱动和精细化运营，确保每个环节都能精准触达目标客户，提升整体营销效率和效果。

互动营销基于所有客户能够触达的方式进行互动，这是一种以人为本、注重长期效益的营销策略。

第十八章　战略赋能，持续发展

1. 核心战略行动：不断优化企业战略

战略管理者在思考企业组织战略的时候，需要做的其实就是两件事：一件事就是做正确的事情；另一件事就是要保证组织如何实现人才辈出，将正确的事逐步落实。

两件事都是企业的基础工作，做战略经营的本质不是追求时髦，而是扎扎实实做好基础工作。"做正确的事情"意味着战略管理者需确保企业战略方向与市场需求、竞争环境及企业内部资源能力相匹配。这要求他们具备前瞻性思维，能够洞察行业趋势，评估各种机会与风险，从而制订出既符合当前实际又具备前瞻性的战略规划。

企业战略其实是可以改变的，战略必须和外界的事实相符合。这是因为企业所处的外部环境是不断变化的。与外界的事实相符合，意味着企业需要根据市场环境、竞争态势、技术进步等外部条件来调整自己的战略方向和行动计划，战略本身也是不断提升自身适应力的过程，也是在不断的演化之中。

举例来说，大疆无人机一开始针对的市场是类似影视工业这样的场景，单机价格昂贵，技术的快速发展也可能迫使企业改变其战略，或者主动改变战略。但当手机部件中，电子陀螺仪的单价从6000元降至100元的时候，大疆的战略管理者就意识到开拓民用市场的机会来了。这样的技术改变，基于企业对于市场趋势的敏锐洞察和对内部资源的重新配置。在3000元到上万元的民用无人机市场，市场规模可以扩大几十倍。正是这样的改变，进军民用航拍的处女地市场，大疆在全球民用无人机市场获得了大约70%的市场份额。这种战略市场扩展的灵活性决定了大疆的市场地位。

企业战略的灵活性是其长期成功的关键。通过不断调整战略以适应外部环境的变化，企业能够更好地把握机遇，规避风险，从而实现可持续发展。

对于大疆而言，电子陀螺仪的技术进步就是企业进行战略优化和整体市场战略转型的赋能性技术系统。赋能性技术系统，是指那些能提升企业能力、助力创新和效率的技术体系。在当下快速变化的市场环境中，这类系统尤为重要。对于战略管理者而言，寻找并引入这样的技术系统，可以为企业的战略转型提供强有力的支持。战略转型往往涉及业务模式、组织结构或市场定位的重大调整，这需要新的能力和工具来应对。

赋能性技术系统不仅能帮助企业提高运营效率，还能开拓新的业务领域，增强市场竞争力。例如，大数据分析技术可以帮助企业更精准地把握市场需求，云计算则能降低IT成本，提高灵活性。因此，寻找赋能性技术系统，为企业战略转型提供新方案，是很多战略管理者的着力点。

战略赋能的真问题首先是分辨出什么是好战略，什么是坏战略。好战略通常具备明确的目标、合理的资源配置以及有效的执行路径。它能够洞察市场趋势，明确企业的竞争优势，并制订出切实可行的行动计划。好战略注重长期效益，能够平衡风险与回报，确保企业在竞争中持续领先。相对而言，坏战略往往缺乏清晰的目标定位，资源配置不合理，执行过程中也容易迷失方向。它可能过于追求短期利益，忽视了企业的长期发展，甚至可能导致企业在竞争中逐渐落后。

那么，如何做好战略，实现战略优化对于企业进行持续赋能呢？其实，答案很简单，企业的战略需要充满人情和勇气的领导者发挥领导力，战略是企业领导力的一种外化。强烈的文化风格和价值观在塑造战略的领域发挥了灵魂的作用，作为经营者，我们不能忽略这一点。勇气则是领导者在面对挑战时不可或缺的品质，它让领导者敢于决策，勇于承担风险，引领企业在变革中前行。

在战略动态化的时代，意味着战略只是大方向，这个时代的特征是不确定性增加，市场需求、技术革新、政策法规等因素都在不断演变。企业需要具备灵活应变的能力，制定和调整战略以适应这些变化。

动态化战略意味着企业不再依赖单一的长期规划，而是通过持续监测外部环境和内部资源，及时做出战略调整。这种战略模式强调快速反应和创新，能够有效应对突发事件和市场波动。动态化战略还要求企业具备高度的信息收集和分析能力，以便准确把握市场趋势和竞争对手的动向。同时，企业内部需要建立高效的沟通机制，确保各部门协同作战，共同应对挑战。

战略灵活性和创新力已经是企业成功的关键。但是实现战略灵活性的前提是专业化，还是依赖企业积累的战略能力，能够随时应对市场挑战。专业化意味着企业要在特定领域精耕细作，形成独特的竞争优势。这不仅包括技术、产品或服务的专业，也包括运营、管理和市场营销的专业。专业化为企业提供了稳定的市场地位和核心竞争力，为战略灵活性奠定了基础。而依赖企业积累的战略能力，则是指企业在长期经营过程中，不断学习、适应并优化自身的战略规划和执行能力。这种能力使企业能够洞察市场变化，及时调整战略方向，灵活应对各种挑战。

而这就回到本文的开头，"保证组织如何实现人才辈出，将正确的事逐步落实"，人才战略是统领一切战略的，如果赚了钱不是为了储备人才，积累能力，而是热衷于富豪榜，这就是战略偏航了。

> **战略24条法则**

战略赋能的本质是人的赋能，强调的是战略执行过程中的人才保障。战略管理者需构建良好的人才培养与激励机制，确保有足够的专业人才来执行和推进战略。同时，他们还需关注组织文化的塑造，营造积极向上的工作氛围，激发员工的创新精神和工作热情，以确保战略目标的顺利实现。

2. 第二曲线思考及策略指引

● 定期评估战略实施效果，及时调整战略

杰出的战略管理者都是建制者，用建制来统领企业动态战略，评估企业制度和评估企业战略是同样重要的事情，就远见和组织稳定性来说，制度层的努力是战略管理者更为精深的着力领域。

制度是能够承载战略的，即使在传统领域，建制者也能够通过制度设计表现出与众不同的战略。比如说，胖东来的超市零售业，并不是什么具备引领性的战略产业，但出色的制度，能够带来比同行更高的效能。制度能够激活人的热情，制度是一个组织或社会所遵循的规则和流程，它确保了各项活动的有序进行；而战略则是为实现某一长远目标而制定的全局性规划。

胖东来的制度设计，在于将企业成果更多地分配给员工，通过激发人的热情来完成工作。公司注重员工的福利和发展，提供良好的工作环境和职业发展机会，从收入来看，是城市同业者的两倍左右。这种人性化的管理方式提升了员工的工作积极性和忠诚度，进而提高了服务质量。企业员工积极参与社区活动，建立良好的企业形象，增强与当地居民的互动和信任，促进了口碑传播。

胖东来的战略就是"企业对员工好，员工对顾客好"，仅此而已，胖东来始终将顾客的需求放在首位，提供优质的服务和高质量的产品。通过细致入微的服务态度，赢得了大量忠实顾客。企业坚持诚信为本，确保商品质量和服务标准，赢得了消费者的信赖。

在战略和制度的混合设计系统里，胖东来的经营效率得到了提升，其不断探索和创新其经营模式，例如引入智能化管理系统和线上线下结合的销售方式，适应市场变化，满足不同消费者的需求。充分利用员工和顾客的无间隙性，使得企业具备实时的战略业务的调整能力。即使遇到意外客户投诉事件，也能够在24小时之内解决。

胖东来基于好制度的战略能够带来几个好处，完善的制度为组织提供了稳定的运作框架，使得战略实施过程中的各项活动能够有条不紊地进行。企业通过明确的制度规定，组织能更高效地分配资源，确保战略重点得到足够的支持。企业良好的制度设计能够激发团队成员的积极性，形成合力，共同推动战略目标的实现。由于员工和用户贴得很紧密，灵活的制度能够及时调整以适应外部环境的变化，降低战略实施过程中的风险。

一个健全的制度可以为企业战略的实施提供有力的支撑，确保企业在战略变革中保持稳定。企业需要定期评估企业的战略运营成果，在制度层思考问题，在战略执行层解决问题。

●关注市场变化，提前布局未来战略

战略管理者需要有周期思维。战略讲究周期，意味着在制定和实施战略时，需要充分考虑时间的维度以及不同阶段的变化。周期的概念涵盖了市场的波动、技术的进步、竞争的态势以及自身发展的阶段等多个方面。

市场周期会影响行业的发展趋势和客户需求，战略制定者需洞察市场所处的阶段，以预测未来的发展方向。举例来说，企业的品牌如何和Z世代进行衔接和焕新，就是上一代品牌管理者的任务了。即使像耐克这样的全球品牌，也需要认识到一代人消费行为的改变，企业需要超越代际周期。

技术周期决定了新技术从出现到普及的过程，战略需紧跟技术步伐，抓住技术变革带来的机遇。对于技术企业而言，企业的战略需要跟上市场和产业的节奏，在技术渐变和突变之间需要做好战略准备。竞争周期反映了竞争对手的策略变化，要求企业不断调整自身战略以维持竞争优势。企业自身的发展周期也至关重要，不同阶段应有不同的战略重点，以确保持续稳健地发展。什么时候开启战略转型，也就是学者查尔斯·汉迪提出的第二曲线。

查尔斯·汉迪是一个社会哲学家，哲学家站在街头，会有不同的思考，他可能会看着满街的人群，思考着100年之后，面前这些活脱脱的人都会死掉。百年之后，也没了，这就是周期。社会中的万事万物，都有它的周期，我们在研究查尔斯·汉迪的时候，要将"周期"两个字挂在我们眼前，我们看什么事情，看企业组织中的一切，都需要透过周期来看当下的行为。

诞生，成长，衰退，结束这一过程在自然界和社会领域都有体现。对于企业而言，诞生意味着创立和初步运营；成长则指业务扩展、市场份额增加；衰退可能是市场竞争加剧或内部管理出现问题；结束则可能是破产或被其他企业收购。

企业组织也遵循类似轨迹，初创期充满活力和创新，随后进入成熟稳定阶段，但可能因僵化而逐渐衰退，最终解散或转型。产品生命周期同样如此，从研发推出到市场热销是成长阶段，随后可能因技术更新或消费者需求变化而进入衰退期，最终被淘汰。企业中的员工也有其职业发展周期，从初入职场的青涩到经验丰富的成熟，再到可能因各种原因的职业衰退或转岗退休。

对于战略管理者来说，企业该何时开展战略第二曲线？这是一个问题。

第一曲线思考模式，如果放在周期中去思考的时候，就会发现，企业多数都会遇到由盛而衰的过程，第一曲线之中的稳定实际上是一种假象，所有的光荣都会变成过眼云烟。变革是要打好提前量的，在一个企业中，往往最顺畅的时候，就是大力进行创新和变革的时候，当一个企业开始遇到危机，火烧眉毛的时候，这时候已经没有本钱进行创新了。

● **加强战略沟通，确保战略得到有效执行**

回到胖东来的案例，这家零售企业为何能够在三线城市建立高效的运营网络，研究之后发现，其实，秘诀就是无处不在的内外沟通，通过沟通理解需求，打造贴近顾客的敏捷型组织。其成功的秘诀在于有效的沟通和组织的灵活性。

在胖东来，无论是公司内部员工之间，还是公司与外部客户、合作伙伴之间，都保持频繁且有效的交流。这样的沟通能够帮助组织及时了解各方面的需求和反馈。沟通的目的也很简单，即明确和满足各方的期望。只有深入了解需求，才能做出恰当的响应和调整。敏捷性组织意味着企业需要构建一个能够迅速适应市场变化、满足客户需求的灵活结构。这种敏捷性体现在快速决策、灵活应变以及持续优化等方面。

华为其实也是一样，在战略执行的过程中，钱确实是给到位了，在决策系统中，干部之间是一种协商和协同的组织形态。在华为，战略执行过程强调干部要有血性担当和使命感。血性担当意味着干部在执行战略时要敢于迎难而上，勇于承担责任。这种精神能够激发团队的斗志，确保战略目标的顺利实现。使命感则体现了干部对组织价值观和目标的深刻认同。拥有使命感的干部能够更好地引领团队，保持方向的一致性，使全体成员朝着共同的目标努力。

在100多年前，社会学家马克斯·韦伯就指出，科层制组织所谓的现代性，其"现代性的倾向是消灭创造性的强者"，在过度强调统一的大组织中，追求稳定和控制，个体创造性和独特性往往受到压制。具有创新能力的人，在科层制组织中往往被认为是一种挑战。求稳怕乱的人才会寻求科层制组织的庇护。

而在华为等企业的实践中，战略沟通和多层次的沟通几乎贯穿了所有的战略和经营流程。理解之后执行，到基于使命感的内驱力之下完成的执行，结果是不同的。战略管理者理解这种不同，这是平庸组织和卓越组织之间不同的做事逻辑。这体现了企业对内外部信息传递与反馈的高度重视。通过沟通确保所有相关人员理解战略目标和愿景，及时分享战略进展及相关信息，减少误解和信息不对称，建立有效的反馈渠道，收集执行过程中的问题和建议。多层次的沟通则体现在企业内部不同层级之间的信息传递。这种沟通方式有助于及时发现问题、调整策略，并激发员工的参与感和归属感。

沟通是信息传递的过程，确保各部门和个人的工作与总体战略保持一致。通过沟通协调各部门资源，解决执行中的冲突。定期评估战略执行情况，及时调整策略以应对变化。

华为等企业的成功实践表明，战略沟通和多层次的沟通对于提升企业的应变能力、创新能力和市场竞争力具有重要意义。通过有效的沟通，企业能够更好地把握市场机遇，应对挑战，实现可持续发展。

第四篇 从赋能到资本

第十九章　融资策略，多元渠道

1. 核心战略行动：制订合理的融资计划

本篇我们将展开对于战略赋能到战略金融的问题探讨，这里我们可以展开一个简单的回顾，战略管理是企业的软系统，类似大脑和神经网络，在本质上属于企业"信息流、物质流和资金流"中的信息流现象。战略管理依赖于大量的信息收集和分析，包括市场趋势、竞争对手动态、客户需求等。这些信息通过有效的信息流传递，帮助管理层做出明智的战略决策。

战略管理的内涵就是将人组织起来，进行系统性的协调与合作。在战略实施过程中，各部门之间的信息沟通至关重要。信息流确保各部门协调一致，共同推进战略目标的实现。

同时，我们建立数字化战略的目的，就是建立实时的反馈系统，实现战略自我修正的目的。战略执行过程中会产生新的数据和反馈，这些信息需要及时反馈给管理层。通过信息流的循环，企业能够动态调整战略，以应对变化的环境。

我们在本章开始讨论企业"资金流"的问题。企业需要问出的基础问题有两个：资金从哪里来？谁会为企业提供资金？

在战略管理体系中，企业金融战略的执行机构是战略财务部门，战略财务是指在企业战略管理中融入财务管理理念和方法，以实现企业长期目标和短期经营目标的协调统一。它强调财务活动与企业战略的紧密结合，通过合理的财务规划和资源配置，支持企业的整体战略实施。

举例来说，有些财务结算在一个月之内完成，有些财务结算实现价值的时间可能在下一个十年，因此，有些财务问题是现金流问题，有些战略财务的问题，是下一个发展周期的问题。而在战略财务中，最重要的一项战略任务，就是要有持续的融资计划和行动，为企业未来的竞争能力和争取战略资源打下基础。

战略财务的核心内容包括制定财务战略、进行财务分析、管理资金流动和风险控制等。它不仅关注企业的财务状况，还涉及外部市场环境和内部运营管理的综合考量。通过战略财务，企业能够更好地应对市场变化，优化资源配置，提高经营效率和盈利能力。

战略财务管理机构就是企业的财务大脑，以专业的视角和前瞻性的思维，引领企业在复杂多变的市场环境中稳健前行。

融资策略是战略财务管理者的要务。战略财务管理机构是企业的总后勤部，现代战争打的就是信息化组织加大后勤，这一机构主要负责企业的长远财务规划与策略制定，确保资金的有效配置和风险控制。它不仅关注当前的财务状况，更着眼于未来的发展，为企业提供有力的财务支持和决策依据。就像总后勤部保障军队各项工作的顺利进行一样，战略财务管理机构通过优化资源配置、降低成本、提高收益等手段，保障企业整体战略目标的实现。它需要对企业的财务状况进行全面分析，制定符合企业发展需求的财务战略，并监控执行过程，确保各项财务计划能够按照既定目标推进。在华为，负责这项业务的人是孟晚舟。

融资策略是战略财务管理者的核心职责之一。融资策略关乎企业如何筹集资金，以支持其运营、扩张和投资活动。战略财务管理者需根据企业的长期发展目标和市场环境，制订合适的融资方案。通过观察案例，读者就会发现，尽管每一个企业融资方式不同，但作为规模企业和导入战略发展模式的企业，可持续的融资战略规划是一种必然，是企业战略经营的常态动作。要么采用内部融资，要么采用外部融资或者混合模式。

股市融资对于大企业而言，是最为普遍的一种融资形式，就是企业通过在证券市场上发行股票，从广大投资者手中筹集资金。这种融资形式的好处显而易见。股市能够为企业提供大量的资金来源，满足其扩张、研发等各方面的需求。从全球融资模式来看，股市融资并不是成本低的融资模式，但在一些局部市场，相比于其他融资方式，股市融资的成本相对较低，因为企业只需支付股息和股票发行费用。企业可以根据市场情况和自身需求，选择合适的时机进行融资。

当然，企业是多样性的，融资模式也是多元的。这些需要进行管理，包括决定是通过债务、股权还是其他方式融资，以及如何平衡融资成本与风险。一个有效的融资策略能够确保企业在不同发展阶段获得所需的资金支持，同时优化资本结构，提升企业价值。

融资策略还需考虑宏观经济状况、行业趋势以及投资者的期望，确保企业的资金需求与市场条件相契合。战略财务管理者需具备敏锐的市场洞察力和深厚的财务知识，才能制定出既符合企业利益又适应市场变化的融资策略。

可持续的融资战略规划，是企业长远发展的关键。它意味着企业在筹集资金时，不仅要考虑当前的资金需求，还要预见未来的资金需要，并制定出既能满足这些需求又不会损害企业长期利益的策略。

这种规划之所以被视为必然，是因为市场环境不断变化，企业面临的资金挑战也随之改变。一个前瞻性的融资战略可以帮助企业及时应对这些挑战，确保资金流的稳定。

同时，这也是企业战略经营的常态动作。企业的经营战略包括市场定位、产品开发、扩张计划等，而融资战略是支撑这些计划的重要基石。没有稳定、可持续的资金来源,企业的其他战略就难以实施。

2. 战略资本思考及策略指引

● **分析企业资金需求,确定融资规模**

基于现有业务的资本运作,目的在于占据更大的市场份额,成熟业务的并购和规模扩张,多数情况下都有明确的目标,即对于成熟市场进行成果收割,这是正面战场的战争。

其实,对于经营者而言,在进行这类资本运作时,企业通常会有明确的目标,即针对那些已经相对成熟、竞争激烈的市场进行"决战式收割"。这意味着企业希望通过资本运作,在短时间内大幅提升其在该市场的地位,获取更多的利润和客户。

美的集团是世界家电和智能制造领域的领军者之一,也是资本运作比较成功的企业之一。

美的通过收购策略,实现了在新市场或现有业务领域的快速拓展与竞争力提升。以收购德国库卡机器人公司为例,这一举措对美的具有重要意义。收购库卡使美的在智能制造领域取得了显著进展。库卡作为全球领先的机器人制造商,其技术实力和市场地位不言而喻。通过整合库卡的技术和资源,美的不仅提升了自身在智能制造领域的研发和应用能力,还进一步巩固了在该领域的领先地位。收购也助力美的拓展了国际市场。库卡在欧洲及全球市场的品牌影响力和客户基础,为美的提供了宝贵的海外拓展机会,有助于其在全球范围内实现更广泛的布局和发展。资本运作可以成片收割新兴市场,并且和中国制造的优势结合起来,这是美的战略思路的一种体现。

通过投资向未来新兴产业扩张，这是资本运作的战略目的。美的在关键技术和新兴领域进行战略性投资，是为了在未来市场竞争中占据有利地位。智能家居和工业自动化是当下及未来发展的重要方向。智能家居能让家电产品更加智能化、互联化，满足消费者对便捷、舒适生活的需求。通过投资这一领域，美的能推出更具创新性和竞争力的产品，吸引更多消费者，从而扩大市场份额。工业自动化则可以提高生产效率和质量，降低成本。美的在此领域的投资有助于提升自身在生产制造环节的优势，保证产品质量的同时提高产出，增强市场竞争力。美的的新客户既包括全球家电消费者，也包括为全球制造商提供工业自动化服务。美的集团自称为"全球领先、技术驱动的智能家居和商业及工业解决方案供应商"，强调其技术驱动的属性。

美的的资本运作的另一个特点，企业通过买卖资产、股权等手段来调整和优化资产配置，以实现企业价值最大化。美的企业剥离非核心业务，就是资本运作的一种形式。这样做的目的是将有限的资源集中在主营业务上，从而提高企业的运营效率和市场反应速度。剥离非核心业务意味着企业不再继续投入资源到那些不是其核心竞争力的领域，而是将这些资源重新分配到更具战略意义的主营业务上。这样做可以减少不必要的开支，降低管理复杂性，使企业更加专注于其核心竞争力，从而提升整体竞争力和市场地位。

美的集团是一个"不差钱"的企业，但美的集团一直利用股票市场进行融资，筹集资金用于研发、生产和市场推广，增强企业实力。美的集团的过去20年发展历史就是不断融资并且进行战略并购的历史，这是成为家电产品规模第一的资本运作之道。

举例来说，2004年5月，美的与美泰克集团签订协议，获得荣事达·美泰克50.5%的股份，成为合肥荣事达第一大股东。2004年10月，美的与华凌集团大股东——广州国际华凌集团签订协议，以 2.345 亿港元收购华凌集团 42.4% 的股份，成为华凌第一大股东。2008 年 2 月，美的电器与国联集团签订协议，以 16.8 亿元受让小天鹅 24.01% 的股权。2020 年 3 月 25 日，美的集团发布公告称，通过下属子公司美的暖通以协议方式，以 7.43 亿元收购合康新能 2.09 亿股，占总股本的 23.73%，成为间接控股股东。2020 年 12 月 11 日，美的暖通与楼宇事业部，完成对菱王电梯的并购交割，控股 84.85%。2021 年 2 月，进入医疗设备行业，美的以 22.97 亿元，收购万东医疗 29.09% 的股份，成为控股股东。

具体的融资规模，其实从历次收购并且完成市场扩张就知道了。这是一种正面、积极的竞争策略，旨在通过资本的力量快速占领市场。

当然，从其他企业的融资规律来看，它涉及确定融资的时机、规模、成本以及潜在风险等方面。一个有效的融资策略能够确保企业在不同发展阶段获得所需的资金支持，同时优化资本结构，降低财务成本。它也涉及对资金需求的准确评估、融资渠道的选择、融资成本的计算以及还款能力的预测。选择合适的融资方式，如银行贷款、发行债券或股票，或是寻求风险投资等。每种方式都有其优缺点，需综合考虑企业状况和市场环境。

●选择合适的融资方式，降低融资成本

融资方式这种看似简单的问题，其实背后有着很深的水，企业在做融资的时候，最好的方式就能够拿到符合产业规律的资金，这是一种企业共成长的资本运作模式。这不仅能解决短期资金需求，更能支持企业长期发展。

通常来说，融资方式主要包括股权融资和债权融资。股权融资是企业通过出售股份来筹集资金，这种方式能够引入战略投资者，帮助企业实现资源共享和业务拓展。债权融资则是企业通过借款来筹集资金，需要按期

还本付息，相对而言风险较低。但这样的债权基本上引来的都是套利者，企业在引资的时候就需要思考清楚。拿了跟价值观不符的投资，可能会给企业带来深刻的教训。

复星集团创始人郭广昌说："对于投资来说，最重要的是两件事情，一件事情是资金的来源是长期的，可持续性的，且低成本的。另一件事情是坚持价值投资。"

这是一种战略投资者的思考，对于投资而言，资金来源的长期性、可持续性与低成本至关重要。长期资金能确保投资策略不受短期市场波动的影响，使投资者有足够的时间等待投资回报。可持续的资金来源意味着资金不会因突发事件而中断，保障了投资计划的连续性。低成本的资金则减少了投资过程中的财务压力，提高了整体的投资效益。

同时，坚持价值投资也是成功的关键。价值投资强调寻找并投资于被低估的优质资产，关注企业的内在价值和长期发展潜力，而非短期的市场涨跌。这种投资方式有助于降低风险，实现稳健的投资回报。

复星集团利用银行贷款、债券发行、股权融资等多种方式，分散融资风险。不同渠道的利率和条件各异，通过合理配置，可以有效降低整体融资成本。平衡股权与债权比例，避免过度依赖某一种融资方式。复星积极参与国际资本市场，获取低成本资金。

郭广昌借鉴巴菲特的投资模式，采用"产业+投资+保险"的策略。这一策略的核心在于利用保险公司，特别是寿险公司，来获取稳定的现金流。寿险公司不仅能提供大量资金，还能通过金融投资产生更多收益，为复星集团的转型和未来发展提供长期优质资本。

具体来说，郭广昌计划获得三种保险牌照：寿险、财险和再保险。这样的布局能覆盖保险业的主要领域，从而更全面地吸引和管理资金。通过这种方式，复星不仅可以增强自身的资金实力，还能获得低成本的资金来源，不过，保险资金需要维护好自己的企业声誉，这需要企业更强的投资纪律。

● 建立良好的融资渠道，确保资金及时到位

企业投融资战略中有一个非常重要的点，却被我们有时候忽略了，资本市场的每一块钱，都自带一个时钟。资本市场的资金并非静态存在，而是具有时间价值的。每一笔资金投入都有一个预期的回报周期和回报率，这就像时钟一样，时刻在提醒投资者关注资金的时效性和增值潜力。

换句话说，企业在投融资决策时，不仅要考虑资金的规模和成本，更要重视资金的时间价值。资金在不同的时间段内可能产生不同的回报，因此，企业需要根据自身的发展战略和市场环境，合理安排投融资活动，确保资金能够在合适的时机发挥最大的价值。

战略融资和战略投资都是反周期的，企业应该在自有资本最为丰裕的时候，进行战略融资和战略变革，这时候，从资本市场容易拿到钱。这意味着它们的行为模式与经济周期的变化相反。在经济繁荣时期，资本市场资金充裕，投资者信心增强，企业更容易从资本市场筹集资金。此时进行战略融资的好处在于，企业能够以较低成本获取资金，同时避免在经济下行时因资金短缺而陷入困境。战略投资则可以帮助企业在经济繁荣时期布局未来，通过投资有潜力的项目或公司，为未来的发展奠定基础。

战略变革在经济繁荣时期也更容易实施，因为此时企业由更多的资源和灵活性来应对变革带来的不确定性。企业建立良好的融资渠道并确保资金及时到位是企业稳健运营和持续发展的关键。

企业需要建立稳健的融资渠道，资本市场的波动性导致很多企业在需要资金的时候拿不到钱，这几乎是一种普遍事实了。资金及时到位可确保企业按计划开展业务活动，避免因资金短缺导致的运营中断或项目延误。这有助于维护企业信誉，增强市场竞争力。

有时候，企业需要在公开渠道拥有常规的筹集资金的途径，包括银行贷款、股权融资、债权融资等。但从资本运作的经验来看，企业需要有独门武器，还需要有独特的金融工具和操作方式，保证企业在需要资金的时候，能够及时到位。稳定良好的融资渠道能为企业提供多样化的资金来源，降低融资成本，增强财务灵活性。

第二十章 投资规划，价值增长

1. 核心战略行动：进行有效的投资决策

企业家在将企业发展到一定规模后，往往需要从日常经营中部分抽身，转变为战略投资者的角色。这一转变意味着企业家不再仅仅关注企业的短期运营，而是更多地从长远角度思考企业的发展方向和投资布局。

作为战略投资者，需要具备宏观的视野和前瞻性的思维。他们要能够洞察行业趋势，评估各种投资机会，并制定出符合企业发展目标的战略投资规划。此外，战略投资者还需要具备风险管理的能力，以便在复杂多变的市场环境中做出明智的投资决策。

这种角色的转变不仅要求企业家具备更高的商业智慧和领导力，还要求他们学会平衡短期利益与长期发展之间的关系。战略投资者的关键词就是：整合性、系统性、平衡性。

整合性意味着战略投资者不仅会提供资金，还会利用自身的资源和能力帮助企业进行资源整合，包括技术、市场渠道、管理经验等，以提升企业的整体竞争力。

系统性指的是战略投资者看待投资时采用系统性的思维方式。他们会全面分析企业的运营状况、行业趋势以及市场环境，制定出符合企业长远发展的系统性策略，确保投资的长期回报。

平衡性则体现在战略投资者对于风险与收益的平衡把握上。他们会在追求投资收益的同时，注重风险的控制与管理，力求达到稳健的投资效果。此外，在企业治理结构中，战略投资者也会寻求各方利益的平衡，促进企业的和谐发展。

有效的战略投资决策，首先要构建完整的价值投资模型。这一模型需综合考虑市场趋势、企业基本面、行业竞争格局及未来增长潜力，以量化方式预测投资项目的潜在回报与风险。通过深入分析，投资者能够更准确地把握投资机会，避免盲目跟风。

同时，投资者遵守投资纪律至关重要。这意味着投资者需严格按照既定策略执行交易，不受市场短期波动干扰，坚持长期投资理念。纪律性还能确保投资者在市场变化时迅速调整策略，保持投资组合的稳健性。

投资模型是一种用于指导投资决策的工具，它基于战略制定的原则，帮助投资者在复杂的市场环境中做出明智的选择。这一过程涉及明确"干什么"和"不干什么"的决策，即确定投资的方向和范围。

"干什么"指的是投资者根据自身的风险承受能力、投资目标和市场分析，选择合适的投资标的和策略。这需要投资者对市场有深入的理解，并能够识别出具有潜力的投资机会。"不干什么"则是指投资者需要明确自己的投资边界，避免盲目跟风或涉足不熟悉的领域。这有助于降低投资风险，保护投资者的本金安全。

智和岛本身就是战略咨询者，也是企业的早期投资者，笔者在工作实践中，很多客户都是有志于走向IPO（Initial Public Offering）上市的股份制企业。这些企业和创业团队遇到的问题，其实就是投资规划和企业战略融合的问题。而智和岛所做的工作，就是促进这种融合工作，让企业的战略运营和资本运营更加高效。

投资规划与企业战略的融合是指在制定和实施投资策略时，充分考虑并纳入企业的长期发展战略。这种融合有助于确保投资活动能够支持企业的核心目标，并推动其持续、稳定地发展。笔者和客户共同推进企业的战略投资规划，具体而言，企业战略为投资规划提供了方向和指引。通过深入了解企业的愿景、使命及发展重点，投资规划能够更加精准地选择符合企业发展需求的项目。同时，做到一事一议，投资规划还需考虑市场环境、风险控制等因素，以确保投资的安全性与收益性。智和岛团队也深入到客户企业的执行过程，为企业筹集资金，用于扩大生产、研发等，推介项目，提高公司的知名度和市场影响力，吸引更多的投资者关注。投资规划的执行过程也是对企业战略的一种检验和调整。通过投资活动的实际效果，企业可以及时反馈并优化其战略方向，从而实现投资规划与企业战略之间的良性互动。

2. 战略投资决策思考及策略指引

● 明确投资目标，制定投资策略

笔者跟一位企业家讲过："战略投资者以平常心对待市场的波动，但对于产业规律的变化却要保持十足的警惕。"原因在于这家企业的投资行为已经过于频繁了，投资行为不是轻易就出手的事情，作为顾问，笔者给出了这个忠告：对于一些劣质的资产，再便宜也不要买。

市场总是充满了不确定性，短期的价格变动往往受到许多不可预测的因素影响，如宏观经济环境、政策变化、投资者情绪等。对这些短期波动过度反应，反而可能做出错误的决策。产业规律是决定行业长期发展趋势的关键因素，如技术革新、消费者偏好变化、竞争格局演变等。这些变化可能会对企业的盈利能力和市场地位产生深远影响。如果忽视这些变化，可能会错失投资机会，甚至面临巨大的投资风险。战略投资者既要学会在市场的波动中保持冷静，又要敏锐地捕捉产业规律的变化，以便做出明智的投资决策。

投资策略就是顺应产业规律做规划。这其实也是智和岛的工作原则。每个产业都有其特有的发展周期、竞争格局和技术革新路径。投资者需深入研究并理解这些规律，以便把握产业的未来发展趋势。通过对产业结构、市场规模、增长驱动因素等的细致分析，投资者能够识别出有潜力的投资领域和时机。基于对产业规律的深刻认识，投资者可以制定出更加精准和有效的投资策略。这包括选择合适的投资标的、确定合理的投资时机以及设定风险控制措施等。

这些流程和认知系统全部做完了，清晰的投资目标就出现了。那么，在智和岛的投资模型中，什么又是清晰的投资目标呢？投资是一项功利行为，至少包括三个基本原则：第一个原则，明确投资的预期收益和风险承受能力；第二个原则，确定投资的时间期限，短期、中期还是长期；第三个原则，有了投资目标还要有强力执行下去，有决心和意志在限定的时间内将事情干好。

对于很多投资的失败者，不妨按照这几个原则进行比对，再回头复盘投资的初心和过程控制的过程。我们再来回顾下基本定义：投资策略是投资者在明确目标、评估风险、分析市场及配置资产的基础上，为实现长期稳健收益而制定的行动指南。

● 进行充分的投资调研，降低投资风险

在智和岛的投资模型中，我们强调投资调研的价值。这是战略投资的基本功，基本功做得不扎实，到了资本斗兽场，就不会有好结局。对于市

场调研，本书已经做了阐述，投资调研是更加深入和精细化的业务流程，最害怕一知半解之后，就以为自己看懂了，这是投资的大忌。

智和岛的调研模型往往一下子会设定两个到三个独立的调研团队，可能有读者会说，这会多花钱，其实，对于投资调研的钱，是绝对不能够省的，这算是一个顾问的忠告。几个调研团队带来不同的结论是更好的事情，这就意味着一场争论，争论和再深入研究，是发现投资真相的不二法门。投资团队要有将巨大风险排除在调研阶段的决心，为此花钱是值得的。相对于项目本身，调研费用只是九牛一毛。

投资调研确实是投资过程中一个极为关键且需要深入细致处理的环节。它要求投资者不仅停留在表面信息的获取上，而且要对投资对象、市场环境、行业趋势等进行全面、深入的分析和研究。投资涉及的变量众多，且每个变量都可能影响最终的投资结果。如果只了解一部分信息，就草率地做出决策，很可能会因为忽略了某些重要因素而遭受损失。

在投资调研中，投资者需要保持谨慎和客观的态度，尽可能多地收集和分析信息，避免主观臆断和偏见。只有这样，才能更准确地把握投资机会，降低投资风险，实现投资目标。所以，深入、精细化的投资调研是成功投资的关键，而一知半解则是需要极力避免的。

智和岛投资策略也强调投资项目的"归零心态"，即使对于投资项目已经有了一些理解，也需要在调研过程中假设自己什么都不知道。笔者和团队借用了乔布斯的"空杯理论"，千万不要觉得这些没有用，认知一错，战略就错，后面全错。

战略投资者在面对新情况、新挑战时，能够放下过去的成就、经验和预设观念，以初学者的心态重新开始学习和探索。这种心态有助于保持思维的灵活性和创新性，使人能够不断适应变化的环境。像空杯子一样接纳新知识，不受旧有内容的干扰。它鼓励人们不断自我更新，摒弃故步自封的思维模式，勇于尝试和接受新事物，避免因循守旧而落后。同时，这种心态也有助于培养谦逊的品质，使人始终保持一颗学习和进取的心。

战略投资者都是长期博弈者，这意味着投资者在市场中持续参与并试图获利。在这个过程中，每一次决策都伴随着风险。偶尔的赢利可能让人误以为自己掌握了成功的秘诀，但实际上，如果没有稳健的投资策略和风险管理，长期下来输钱的可能性更大。科学规划和风险管理才是长期获利的基石。

对于市场调研和投资调研的技术，我们在此只做简单介绍：明确调研的目的和需要解决的问题；获取全局数据，分析全局数据；提出结论和建议；比对建议，正反测试，做决策。

战略投资者和其他投资者不同，战略投资者思考的是战略产业的发展周期，以及通过资本运作来提供系统性价值，每一笔投资都必须是价值投资，通过构建更优质的价值链来分散风险，避免集中投资于单一资产，而失去控价权。合理的资产配置能够分散风险，提高投资组合的整体稳定性。

智和岛另一个降低风险的方式是尽可能进行过程监控和获得反馈，即使是正确的投资，也需要定期检查投资表现，评估是否达到预期目标，以根据新的信息和市场变化做出相应调整。

●加强投资管理，实现投资价值最大化

战略投资需要思考企业的下一个阶段的发展和能力建设。分析竞争对手的投资战略，找出自身的竞争优势和劣势，探索超越竞争对手的新技术、新产品或新市场的开发可能性。具体表现为几个方面进行投资管理：投资于研发，增强企业的技术创新能力；引进先进的管理理念和方法，提高企业的运营效率；培养和引进高素质人才，为企业的持续发展提供动力；并购创新团队，直接介入新的业务。

这些行动组合在一起，其实也都是指向一个方向：价值投资。在上文

中已经提及，做战略投资者，不能有任何侥幸。先积累能力，形成系统的面向客户的需求满足能力，在此基础上，追求价值最大化。

针对自身企业未来的战略投资，需要在别人没有看到的新领域下注，这是一种自我增值的路径。另外一条路则是以低于内在价值的价格购买股票或其他资产，长期持有以获取稳定收益。战略投资者在面对合适的投资对象的时候，需要评估其内在价值，评估的过程也是资本管理的过程。

战略投资思维意味着我们需要从投资者的视角重新看待企业的经营行为，在本质上，未来能够发展壮大的项目才是好项目，而且价格还很低，那就是理想的投资标的了。用投资语言来描述，内在价值是资产未来现金流的现值，反映其真实、长期的经济价值，这种价值可以通过财务分析、行业研究等手段估算。

价值最大化的模型也很简单，就是一个长周期的"低买高卖"或者"低买不卖，持续持有"的过程。价值最大化的模式需要经过反周期的洗礼，即从一个初创业务一直跑到上市，或者这个被低估的项目经过了周期的变换变成了高价值资产，实现了价值回归，战略投资者相信，市场会修正错误定价，实现价值回归。长期持有也避免短期交易成本，享受复利效应。

投资管理是对资金进行系统化、专业化的管理和运用，以实现投资目标的过程。它涵盖了投资策略的制定、资产配置、风险管理、绩效评估等多个方面。知易行难，战略投资者需要做到认知领先，这就回到了投资的本质。

第二十一章 资本管理，风险控制

1. 核心战略行动：加强资本管理

对于资本管理，其实是有原则的，这个原则就是只买优质资产，不买劣质资产。作为企业的战略管理者，也遵循着这个基本原则，即一个真正好企业，只能够创造优质资产，不能去堆砌劣质资产。这样的原则，能够帮助企业走得更远。

资本管理的内核就是不断淘汰劣质资产，买入优质资产。如果说还有诀窍的话，那就是，在投资市场中，不要相信任何人的话语表述，而必须亲自参与进去，理解企业项目的内部运行结构和流程，理解这样的一群人以什么样的方式在工作。

优质资产具有较高的收益率、较低的风险和良好的流动性。通过买入这些资产，投资者可以提升投资组合的整体表现，并在需要时更容易地调整投资策略。劣质资产通常指收益低、风险高或流动性差的资产。持有这类资产不仅可能无法带来预期收益，还可能增加投资风险。因此，及时识别并淘汰这些劣质资产是资本管理的重要步骤。

当然，优质资产是有限的，大部分企业的资产组成形式，即有大量的可盈利资产配上少数优质资产。这是一个不断"汰旧换新"的过程，逐步形成企业自己的战略投资模型。

资产管理其实是建立在投资纪律基础上的。一些投资人已经形成了自己的投资模式。举例来说，知名投资人段永平的投资纪律对于很多做战略投资的人，就具有很好的启示价值。

当然，同样一句话，每一个投资者理解的视角其实是不同的，比如说，段永平在每一次的谈话中，都习惯说："不懂不投。"但这样的原则，其实没有多少投资者会遵守的。段永平强调只投资自己真正理解且熟悉的企业，避免盲目跟风或投资不熟悉的领域。

每个人对投资的理解都不同，这受到他们的经验、知识和个人价值观的影响。段永平是一位知名投资者，他提出的"不懂不投"原则，实际上是一种投资哲学，这种原则的核心在于风险控制。投资自己不懂的领域，很容易因为信息不对称、判断失误而导致投资失败。而专注于自己熟悉和理解的领域，则能更准确地评估风险与收益，做出更明智的投资决策。

真正善于研究的人，会将一个投资哲学的背景和来龙去脉研究透了，能够读懂一句话背后的好几层内涵性的内容，这就是专业。专业是进行投资风险控制的基本方式。因为懂行，知道一行基本的运行规律，投资市场的花言巧语就影响不了他。现实中很多投资者可能受到市场热点、他人推荐等因素的影响，违背了这一原则。这可能是因为贪婪、恐惧或急于求成的心理作祟。但从长远来看，坚持"不懂不投"原则，更有助于实现稳健的投资回报。

战略投资风险控制需要一个非常理性的核，即独立思考能力，这是段永平一直强调的投资者修为。这其实也是智和岛一直提倡的企业文化。团队在工作中，强调投资者应保持独立判断，不受市场情绪左右，坚持自己的投资理念和策略。

段永平认为："买股票就是买公司。"这也是一条投资原则，即对于一个产业规律的理解和懂得，需要落实到具体的公司里。股权并购行为，或者投资股票不应仅仅看作买卖一张纸片，而是要深入理解并认同这家公司的价值。换句话说，当你购买某家公司的股票时，你实际上是在购买这家公司的一部分所有权。

这一原则强调了投资者需要对所投资的行业有深入的理解，并且能够识别出哪些公司具备长期价值和潜力。每个行业，即便是最优质的行业，也会存在表现不佳的公司。因此，投资者不能仅仅因为某个行业前景看好就盲目投资，而是要具体分析行业中的每一家公司，找出那些真正具备竞争优势、管理优秀且财务状况稳健的企业。购买股票就是股权投资，意味着成为公司的部分所有者，因此应重视公司的长期价值和基本面分析。

战略投资者在乎企业所在行业的稳定性，以及企业盈利模式的稳定性。事实上，全球重要的基金都是这样的生存方式，他们将资金投资给全球能够稳定运营几十年甚至更久的企业，这就是他们的投资逻辑，即资本和最优秀的企业始终捆绑在一起，自己作为优秀企业的股东，一直走下去。段永平也是主张对于优秀稳定的公司的股份，要长期持有。他一直倡导价值投资，主张投资者应有长远眼光，避免频繁交易，耐心等待企业价值的实现。现在国家金融部门强调要构建更多的"耐心资本"，其底层逻辑也是如此。

资本风险控制的另一个重要原则是设定合适的安全边际。举例来说，一些市场中的资产，可以用简单的模型判断，这就是优质资产，但由于估值过高，投资者就需要思考要不要高位接盘？在做投资决策的时候，要买公司价格低于内在价值的股份，或者上市公司的股票，以确保足够的安全空间，降低投资风险，这是投资风险控制的一条铁律。战略投资者在投资过程中，保持稳健、理性的投资风格，也是其成功投资的关键所在。

2. 资本运作风险思考及策略指引

●建立健全资本管理制度，规范资本运作

对于资本管理制度，战略投资者需要展开全球对标学习，深度理解全球杰出投资者的理念和投资模型，然后在实践中，实事求是，找到属于自己的资本管理制度，这是基础的方法论。智和岛在做战略咨询和投资的过程中，也遵循了同样的方法论。

对于战略投资者而言，全球对标学习意味着要广泛研究和比较世界各地成功的投资案例与策略。这样做可以帮助他们理解不同市场环境下，杰出投资者是如何运用各种理念和投资模型取得成功的。深度理解这些理念和模型，不仅是为了模仿，更是为了吸取其精髓，从而更好地适应本地的投资环境和市场需求。

最终目标是找到适合自己的资本管理制度。这套制度应既能体现战略投资者的独特视角和优势，又能确保资本运作的稳健和高效。这样的方法论有助于投资者在复杂多变的金融市场中立足并持续发展。

在战略创投领域，我们可以看看红杉中国和其领导者沈南鹏的投资逻辑及资本管理。红杉中国注重早期投资，善于捕捉市场趋势，寻找具有高成长潜力的初创企业。其次，他们强调行业专注，通过深入研究特定行业的发展规律，选择最具前景的企业进行投资。红杉中国专注于科技、传媒、医疗健康、消费品、服务、工业科技等领域。在中国，半数跟互联网相关的早期投资都有沈南鹏及其团队的身影。

红杉中国还非常看重团队能力，认为一个优秀的团队是创业成功的关键。红杉中国是一家知名的风险投资机构，他们在评估投资项目时，非常重视团队能力。从公开资料来看，对于优秀团队，沈南鹏有三个基本的团队建设原则：多元化的技能、强大的执行力和良好的沟通能力。团队成员具备不同的专业技能和背景，能够从多个角度解决问题；团队能够迅速将计划转化为实际行动，并有效应对挑战；成员之间信息流通顺畅，能够高效协作。

资本管理并非简单的限制或隔离，而是一种积极提升团队资产管理能力的策略。资本管理的核心在于优化资源配置，提高资产使用效率，进而增强团队的整体实力。在这个过程中，团队不仅需要关注现有资本的保值增值，还要着眼于未来，通过合理的投资规划和风险管理，实现资本的持续增长。这种管理方式能够激发团队的创新活力，提高应对市场变化的能力，从而在激烈的竞争中脱颖而出。

红杉中国团队，其实是一个多元视角的深度研究型团队，是以产业赛道研究为基础投资方式的团队，其目的就是投资具有高成长潜力的企业。团队成员来自不同背景和专业领域，能够从多个角度分析问题，对潜在投资项目进行详尽的分析和研究，确保投资决策基于扎实的信息和分析，而非表面现象，有助于全面理解市场和行业动态，减少决策偏差，这就是在做风险控制，研究越深入，风险控制就越被控制在过程中。

对于资本运作型团队，风险控制是一种常态，贯穿于所有的行为中，红杉风险控制非常严格，大体上有几个重要的点：设立专门的风险管理部门，对投资项目进行全面的尽职调查和分析；制定多层次的风险防范措施，确保投资组合的安全稳健；项目需要有能力将项目成功落地的团队；通过有效的沟通机制，实时跟踪项目进展并及时调整策略；积极参与被投企业的经营管理，提供战略指导和资源整合，助力企业快速发展。这种投资与管理相结合的模式，使红杉中国在战略创投领域取得了显著成绩；建立有效的退出机制,保障投资回报。

沈南鹏领导下的红杉中国凭借其科学的资本管理制度,在投资领域取得了显著成就。

●合理控制资本结构,降低财务风险

战略投资者往往是企业家和投资者的双重身份。这就形成了独特的资本管理结构和管理优势。战略投资者往往具备企业家精神,能够在市场中识别机会并推动创新。他们不仅关注资本回报,还积极参与企业的运营管理,提供战略指导和资源整合。也就是说,懂管理也懂投资,这样的投资行为,会大大地提升成功率。这种双重角色使得战略投资者能够更深入地理解企业的需求,提供更具针对性的支持,从而实现双赢的局面。也使他们能够在资本运作与企业管理之间找到平衡点,推动企业的持续发展。

我们可以看看华为的战略资本投资的结构,就知道这是一个杰出的风控模式。华为偏好使用自有资金进行投资,并尽量减少对外部债务的依赖,这一策略体现了它对风险控制的重视以及对长期稳定回报的追求。

华为不上市,但有"内部资本市场"和员工投资者。华为自有资金意味着做出投资决策时不受外部债权人或投资者的约束,这为它提供了更大的灵活性和自主权。企业可以根据自己的判断和市场情况来调整投资组合,而不必担心因短期债务偿还压力而被迫出售战略资产。因此,很多战略创新项目都可以执行下去。

对于产业资本来说,使用"高权益资本模式"是正常态。因为这些企业都担负着产业发展的使命,要做到产业领先,并非套利资本随时可以抽身出走。华为的资本结构就是如此,主要包括股本、资本公积、盈余公积及未分配利润。企业依赖自身积累与股东投入较多,相对债务融资较少,增强抗风险能力。内部员工可能意味着未来更多的分红潜力。

当然，华为在世界的大公司财务结构上，也是一个特例，但也有值得学习的地方。对于企业的风险控制和资本结构，还是要回到基本的资产负债率去思考问题。在过去几年当中，我们已经看到很多风头很强劲的公司死在这个基本财务数据上。因此战略投资者会深度思考企业现金流的稳定性和可预测性，确保公司有足够的现金储备应对突发情况。稳健的现金流管理有助于在不利的市场环境中保持财务灵活性，降低违约风险。

因此，建立健康的财务结构和资本构成结构，对于任何企业都是一项关键挑战。选择低成本的资金模式，严格控制债务水平。这种策略减少了短期偿债压力，降低了因利率波动或经济下行导致的财务困境风险。

●加强资金预算管理，提高资金使用效率

对于资金的预算管理，这是战略投资的必然过程，也是我们在前文提到的战略财务管理的问题。战略预算是保证企业战略发展顺利进行的基石。我们时常会看到这样的案例，即企业的管理者信誓旦旦地要进行战略管理，并且为战略发展提供资金，但现实是，一旦企业发展遇到短期困难，首先砍掉的就是战略预算。战略预算被砍，不会让企业产生短期损失，而且在财务数字上还会更好看。

战略财务管理是指在企业战略目标的指导下，对企业财务活动进行全局性、长期性和创造性的规划与管理。资金战略预算管理是指对企业的资金收入和支出进行预先规划和控制的过程。通过科学的预算编制，可以明确资金的用途、分配及时间安排，确保资金按照既定目标合理流动。加强预算管理意味着要严格执行预算计划，及时监控资金动态，防止超支和浪费。日常运营的资金要顶得上，战略预算也需要另外的渠道得到保证。战略预算指的是企业为实现长期战略目标而设定的资金分配计划，支持企业的创新、扩张和市场竞争力提升，需要通过专门的资金渠道或融资手段来

确保，如长期贷款、股权融资等。

用一个比喻来说，日常运营资金是企业的"血液"，而战略预算则是企业的"发动机"。企业需要在两者之间找到平衡，既保证日常运营的稳定，又能为未来发展提供足够的资金支持。

战略预算的主体可能是企业，也可能是一些战略投资基金。常州新能源产业投资母基金就是一个专注于新能源领域的投资基金。主要投资于其他专注于新能源领域的子基金。投资方向主要集中在新能源技术及其相关产业，如太阳能、风能、储能等，目的是推动新能源技术的创新和商业化，也聚焦于新能源技术、智能制造及新材料等相关领域。对这种政府投资城市的相关企业进行研发，占有相关股份或者其他退出方式，为城市中的新能源企业提供战略预算支持，建立城市孵化器，通过资本的力量促进地方新能源产业的发展，吸引更多的社会资本投入，形成产业集聚效应，支持初创企业和成长型企业的发展，提升整体竞争力。引领常州乃至长三角地区的新能源产业发展，打造全国领先的新能源产业集群。

常州各级政府在投资新能源的过程中，有着明确的战略预算计划，进行资本预算管理。政府会根据新能源发展的战略规划，编制相应的资本预算，明确年度投资计划和资金安排。投资项目需经过严格的审批程序，政府会评估项目的可行性、经济效益及环境影响，确保投资的科学性和合理性。政府会设立专门的监督机制，对投资资金的使用情况进行跟踪审计，防止资金滥用和浪费。投资项目完成后，政府会进行绩效评估，分析投资效果，为未来的投资决策提供依据。政府国资管理部门也会建立风险评估与控制体系，识别和应对潜在的投资风险，保障资金安全。

常州新能源母基金是"耐心资本"的体现，从投资逻辑上来讲，顺应产业规律的投资，实现国资和企业的风险共担原则。耐心资本的背后其实站立的就是本书倡导的战略投资者。智和岛在做战略咨询和投资咨询的过程中，也更愿意为这样的产业资本服务。

耐心资本是指投资者愿意投入资金，并在较长时间内等待回报的态度和行为。它不同于追求短期利益的"热钱"，而是更注重长期的稳定收益。具备耐心资本的投资者，通常会深入研究和分析投资标的，不盲目跟风，而是基于长期的价值判断做出决策。他们明白市场波动是常态，愿意在市场低迷时坚守，等待合适的投资时机。

耐心资本对于企业和项目的发展也至关重要。它能为企业提供稳定的资金支持，助力企业度过初创期的艰难，实现长期发展目标。同时，耐心资本也有助于降低投资风险，因为投资者有更多的时间去观察和评估投资项目的进展。在战略产业的投资领域，耐心资本奉行做正确的战略选择，等待产业壮大，这是一种"不犯错，慢就是快"的投资哲学，是一种理性、稳健的投资理念，也是一种高效的资金利用模式。

第二十二章 并购整合，快速扩张

1. 核心战略行动：通过并购实现快速发展

战略管理者思考的问题，有两个主要方面：增长和可持续增长；构建优势和核心竞争力。企业通过扩大规模、提升市场份额或进入新市场等方式来实现业绩的提升。增长是企业发展的基础，能够带来更多的资源和机会。

企业必须尽快规模化，获取市场地位，形成品牌和稳定的用户市场，不仅仅追求短期的业绩提升，更强调长期的稳健发展。它要求企业在增长的同时，考虑到资源的合理利用、环境的保护以及社会的责任，确保增长不会损害企业的长期利益。

核心竞争力则是企业长期形成的、难以被竞争对手模仿的能力，它是支持企业持续领先的关键因素。核心竞争力，一部分需要企业独立构建，同时也可以从市场中并购高潜力的企业，和企业的主业进行融合，构建新的综合竞争能力，对于一些市场实现一定的控局能力，实现成本领先、产品创新等。

迈瑞医疗收购惠泰医疗是医疗器械行业两大知名企业之间的并购事件，并购金额为66.5亿元人民币。迈瑞医疗是国内领先的医疗设备和解决方案提供商，业务涵盖生命信息与支持、体外诊断、医学影像等领域。而被并购的企业惠泰医疗，则专注于心血管介入类医疗器械的研发、生产和销售，在垂直领域也是一个领先者。

对于智和岛团队而言，研究的问题是什么样的并购为更好的并购行为，这是我们需要思考的问题。我们对于这两个优质企业并购，之所以比较看好，原因就在于这是良性的协议并购。

对于双方而言，迈瑞医疗看好中国及全球心血管领域的医疗市场，到目前为止，心脑血管领域的医疗市场一直在大幅增长；而对于惠泰医疗而言，可以借助迈瑞医疗庞大的医疗渠道网络，获得更大的市场，双方的需求是相互的，可以形成更好的融合关系，两者在价值观层面都是技术工程型企业，因此，有着共同的技术基因，在融合的过程中，也不会出现战略分歧。并购的好处很容易列出来：迈瑞医疗能够获得惠泰医疗在心血管介入领域的优势技术和产品线，丰富自身产品结构。增强在心血管相关医疗市场的竞争力和影响力。借助惠泰医疗的研发实力，推动自身技术创新和产品升级。双方在生产、销售、研发等方面有望实现协同发展，降低成本，提高效率。

协议并购双方企业通过友好协商达成一致，并签订正式的并购协议，并购双方通过充分的沟通和谈判，达成互利共赢的共识，避免了敌意收购可能带来的对抗和冲突。在协议并购过程中，可以保持更多的私密性和灵活性，利益分配也比较灵活，出资收购、股权互换和员工利益保护等，均可以协商解决。

很多并购行为都是要约行为，即从主动并购者战略发展目标出发，以扩大自己的市场份额和增强企业的产业地位。要约收购是并购的一种常见形式，指的是收购方向目标公司的股东发出公开收购要约，以购买其持有的股份。

并购可以是友好的，即双方达成协议共同推动整合，也可以是敌意收购，即收购方绕过目标企业的管理层，直接向其股东发出收购要约。这两种方式对企业文化整合的挑战有所不同。

影视剧里的很多并购行为都是这种并购模式引起的冲突，这是一种被"吞并"的感觉。当要约并购引起目标公司抗拒时，通常是因为目标公司的股东、管理层或员工对收购持有疑虑或反对态度。股东可能认为收购价格低于市场价值，或担心失去控制权；管理层可能担心职位不保或公司文化和运营模式的改变；员工害怕并购后可能出现裁员、福利减少或工作环境变化。因此，要约并购行为需要保持其透明度，要约收购通常能够提供较高的溢价，吸引股东出售股份，从而加快收购进程。中国和许多国家、地区的证券法要求并购活动必须公开透明，以防止内幕交易和市场操纵等违法行为。透明的并购过程能够增强市场对公司的信任，提升公司声誉，有利于未来的融资和发展，避免出现核心团队流失的衍生损失。

由于篇幅有限，笔者不再列更多的战略并购细节，而转向并购的目的。其实战略并购有两个目的，抢占成熟市场份额和抢占高潜市场的增长机会。

战略并购的价值，我们需要进行深度思考，其实除了套利的理财"钱生钱"的行为，一切投资活动只需涉及价值创造过程，都可以被认定为并购行为。我们需要理解并购的逻辑和动机。

用投资者不说的话，对于优质资产的并购，其实就是一种市场中"摘桃子"的模式，我们如果看世界企业史，大公司都是一路并购过来的。企业进入新市场或强化现有市场地位的一个重要途径就是收购竞争对手或相关企业。这种市场驱动型并购通过减少竞争对手的数量，集中市场力量，使企业在行业中占据主导地位。

有时候，在并购的时候，战略投资者认为这是"强链补链"的并购动机，整合资源以提升效率。在并购过程中，企业常利用被并购方的资源优势来弥补自身的不足，如技术、人才、供应链资源等。通过纵向整合，如供应商与生产商之间的并购，企业可以打通产业链上下游，优化生产流程，减少中间环节，提高整体生产效率。这一过程还可以实现规模经济和协同效应，降低成本。

并购的另外原因在于是为了在早期就介入到一些朝阳产业中，以获取先进的技术与知识。技术并购是高科技行业中一种普遍的现象，尤其是在人工智能、生物医药和信息技术领域。企业通过收购初创公司或研发能力强的企业，可以迅速掌握前沿技术，缩短研发周期，提高市场响应速度。这种方式不仅提高了技术水平，还增强了企业的核心竞争力。

2. 战略并购思考及策略指引

●确定并购目标，制定并购策略

战略投资者拥有人才梯队，在进行市场扩张的时候，会并购一个企业，然后将成熟的经营团队和原来的经营团队做融合，发挥供应链的价值，实现企业价值的增长。

举例来说，腾讯的并购战略思维，就是保持足够的开放性，世界范围内一旦出现了创新，就可以进行合作，或者并购，将企业业务纳入腾讯的经营体系之中去。腾讯的并购战略是其实现业务扩张和技术升级的重要手段。通过并购，腾讯能够快速获取新的技术、市场渠道以及优秀的人才资源。

腾讯投资是腾讯集团的一个重要组成部分，自2008年成立以来，一直专注于全球范围内的消费互联网和产业互联网投资。其投资领域广泛，包括文娱传媒、消费零售、民生教育、金融科技等，并且在全球二十多个国家和地区都有投资活动。腾讯投资的核心目标是寻找并支持那些能够为用户创造长期价值的创业者和企业，帮助他们实现成长。在过去的十多年里，腾讯投资已经投资了800多家公司，其中包括许多上市公司和独角兽企业。

为了更好地执行其投资策略，腾讯投资在北京、上海、深圳和香港都设有办公室，并且拥有一支超过60人的专业团队。这个团队负责寻找有潜力的投资项目，进行尽职调查，以及协助被投企业进行战略规划和资源整合。

腾讯在游戏行业的布局可谓是大手笔。举例来说，2021年上半年，它投资了50家游戏公司，平均每3.6天就有一笔投资，这显示了腾讯对游戏行业的强烈兴趣和积极的投资策略。更令人瞩目的是，腾讯还与A股游戏公司吉比特共同出资超过1.5亿元，成立了游戏产业基金，这进一步体现了腾讯在游戏产业的深耕决心。

腾讯通过一系列投资和合作，目的很明确，就是努力加强其在游戏行业的领导地位，并探索更多的商业机会。在并购过程中，腾讯注重与被收购企业的业务协同效应，力求实现双方的优势互补。腾讯还关注新兴产业和创新技术的投资机会，通过并购或投资入股的方式，提前布局未来可能产生巨大商业价值的新领域，如人工智能、云计算等。

腾讯的并购战略以市场需求为导向，以技术创新为驱动，旨在构建更加完善的产业生态体系，推动公司的持续发展和在社交、游戏行业领导地位的巩固。

腾讯的并购模式之所以显得多元化，实际上与其平台生态的承载能力紧密相关。简单来说，平台生态的承载能力指的是一个平台能够支持并整合多种业务、资源和用户需求的能力。

腾讯作为一个大型互联网企业，其平台生态具有强大的承载能力。这意味着它不仅可以提供基础的服务和产品，还能通过并购等方式吸纳新的业务和资源，从而丰富和完善其生态系统。这种多元化的并购策略，有助于腾讯拓展业务边界，增强市场竞争力。

同时，多元化的并购也是腾讯为了满足用户日益多样化的需求而采取的一种策略。通过并购不同领域的优质企业，腾讯能够快速获取新的技术和市场资源，进而为用户提供更加全面、便捷的服务。尤其是在多元化并购中，企业可以进入新的行业或领域，分散经营风险，并通过跨行业的资源调配和市场共享实现价值最大化。

企业并购是企业发展进程中的加速器。并购可以使企业在短时间内获得更多的资源，包括技术、人才、市场渠道等。通过并购竞争对手或相关企业，企业可以迅速扩大市场份额，增强市场竞争力。并购可以减少重复建设和运营成本，实现规模经济效应。并购可以获取先进的技术和知识产权，提升企业的创新能力。并购可以帮助企业快速进入国际市场，提升全球竞争力。

● 进行全面的并购尽职调查，确保并购安全

任何商业行为都有风险，并购也是如此。

企业在进行战略并购之前，同样需要思考清楚，并购行动涉及大量资金，若未能准确评估目标公司的财务状况，可能导致资金链断裂或资产贬值。有专家说，并购就如两个人结婚一样，会遇到两个不同的家庭，矛盾很多，事实也是如此。"看走眼"了，在经济上就要付出沉重的代价，事实上，全球企业并购成功率不算高，30%失败了，只有一半的企业并购能够继续维持增长势头。而最常见的风险，就是两个团队的整合风险。并购后两家公司需融合，包括文化、管理、技术等。若整合不善，可能引发内部冲突，影响运营效率。

一些成长性企业的并购行为，则需要进行业务聚焦，有着明确的并购目标。企业想要快速发展，需要深入了解行业趋势，识别有潜力的并购对象。分析并购企业和自己企业的战略契合度，分析目标公司是否与自身发

展战略相符，能否形成互补或协同效应。同时，在并购的过程中，一定需要专业的财务分析团队进行服务，评估目标公司的财务状况，确保其具有稳定的盈利能力或良好的发展前景。

红杉中国构建深度产业研究型团队，这些人才不仅具备金融和投资知识，还在特定产业领域有丰富的实践经验。每一个人都是研究员，会接受系统的培训，涵盖行业分析、市场趋势、投资策略等内容。通过不断学习和分享，提升整体研究能力。红杉中国鼓励不同部门之间的合作，促进信息共享和资源整合。这种协作机制有助于形成全面的产业视角，提升决策的准确性。团队成员参与实际投资项目，通过实践积累经验，不断优化研究方法和策略。这种以实践为导向的学习方式，能有效提升团队的专业水平。

对于投资并购项目需要有深度的研究，自己先成为专家，那些尽职调查报告拿到手才能够有分辨力。对于投资者来说，尽职调查是一组重要的数据和对于一群人的深度理解，尤其发现那些下一个世代的企业家，需要一双慧眼，慧眼的练成，需要长期的实践和总结，形成对于人和产业中发生的事情有独到的见解。

其实所有的投资案都有直接获得或者委托专业团队拿到的尽职调查报告，问题是，到底能不能发现关键问题，发现风险点，才是真本事。在并购过程中，收购方对目标公司的各方面情况进行详尽的分析和审查。这包括目标公司的资产状况，比如设备、房产等；负债情况，如债务规模及偿还能力；经营状况，涵盖市场份额、盈利能力等；还有法律事务，例如是否存在未解决的法律纠纷。

尽职调查的过程事实上就是从数据的角度为企业进行数据建模的过程，这远远超越了财务等范畴。谈及建立一个数字孪生模型，就是要做到数据全面性，尽职调查不仅关注财务报表，还包括法律、运营、市场、技术等多个维度的数据收集与分析。比如说，一些调研团队从卫生间和企业的食堂来看企业的文化和细节，也是一个另类的视角。

拿到全局数据，评估出自己能够评估出的非财务数据，通过对历史数据和当前状况的分析，尽职调查可以帮助预测企业未来的发展趋势和潜在风险。除了财务健康状况，尽职调查还评估企业的竞争力、创新能力和社会责任等方面。识别并量化非财务因素带来的风险，如法律诉讼、市场变化等，有助于制定更全面的风险应对策略。

通过分析资产负债表、利润表和现金流量表，识别财务异常或潜在的财务风险，就可以看到财务基本面。检查税务合规性，发现可能的税务违规或避税行为，可以看到运营团队外部基础环境的营造能力。考察管理团队的背景和能力，判断其是否具备推动企业发展的实力，特别是团队创始人的格局，这些都在尽职调查的考察之列。

尽职调查不是一个事务，而是对于团队价值的再次确认。在这个过程中，投资者或合作伙伴会细致考察团队的背景、能力、执行力以及过往业绩。这种考察不仅是对团队专业技能的认可，更是对其价值观、使命感和长期目标的认同。因此，尽职调查实际上是一个双向的过程，既让投资者了解团队，也让团队有机会展示自己的核心价值和长远规划。

事务层的起落是正常的事情，企业在并购过程中，最大的风险点还是不能驾驭事业的团队，安全并购还是以人的考察为主，以事的考察为辅，以此来形成安全并购的方法论。

●做好并购后的整合工作，实现协同效应

对于中国企业在国际并购后组织融合良好的案例，可能很多人都会想到联想收购IBM的PC业务。联想在2005年收购了IBM的PC业务，这是一次具有里程碑意义的跨国并购，一个想卖，一个想买，联想联合国际投行进行了战略并购。并购完成后，联想采取了一系列有效的融合措施。

联想在收购 IBM 相关业务后，采取了一系列策略以确保企业的平稳过渡和持续发展。首先，联想选择保留 IBM 原有的管理团队和员工，这一举措意义重大。它确保了业务的连续性，避免了因人员变动可能导致的工作中断或知识流失。同时，稳定现有团队也有助于维持客户的信任和市场地位。其次，联想高度重视文化融合，积极倡导多元文化共存。在全球化背景下，不同文化背景的员工共事是常态。联想通过推动文化交流与融合，促进了员工间的相互理解和合作，从而增强了团队的凝聚力和创新能力。这种包容性的企业文化不仅提升了员工的工作满意度，也为联想的国际化发展奠定了坚实的基础。

联想在收购 IBM 的 PC 业务后，采取了一系列整合措施以确保业务的顺利融合。这涉及制订详尽的整合计划和执行机制，旨在明确每一步的实施细节与责任分配。

为了保障整合的有效性，联想设定了清晰的目标，并根据这些目标合理分配了资源，包括资金、人力和技术等。同时，建立了一套严格的绩效考核体系，以监测整合进程并评估各项措施的实施效果。

通过这一系列举措，联想不仅成功地将 IBM 的 PC 业务与自身业务融合在一起，还实现了资源的最优配置和协同效应的最大化。这种整合不仅提升了联想在全球市场的竞争力，还为其未来的持续发展奠定了坚实的基础。现在，联想在全球的市场份额达到了 23%，增强了其品牌影响力和国际竞争力，在规律上做到了第一。

并购和融合是两个阶段的事情。并购行为通常涉及财务、法律等程序，重点在于交易结构的搭建和资产的整合，很多专业服务公司会帮助企业做这样的服务，智和岛也是并购活动的服务企业，因此，也有自己的心得体会。

融合则是在并购完成后，不同企业文化、管理理念、员工团队的相互交融与适应。这一阶段更为复杂且耗时，因为它关乎人心和价值观的整合。

融合的成功与否直接影响到并购后企业的稳定与发展。

从实践来看，融合需要更多耐心和包容。因为不同的企业背景造就了多样的工作方式和思维模式，只有通过充分的沟通、理解和尊重，才能逐步消除隔阂，形成统一的企业文化和团队凝聚力。这就像调色板上的颜料，只有充分混合，才能创造出美丽的画作。

通过有效的整合工作，可以实现并购双方的互补优势，产生"1+1>2"的效果。这种协同效应体现在提高运营效率、扩大市场份额、增强创新能力等方面，从而为企业创造更大的价值。在并购过程中，企业需确保核心业务的稳定运行，以防止因资源分散导致业务受损。同时，应采取措施留住关键人才，以确保客户关系的延续。

第二十三章　股东合作，共赢发展

1. 核心战略行动：维护良好的股东关系

中国很多商学院在做股东关系的架构分析的案例中，将阿里巴巴集团视为维护良好股东关系的范例。阿里巴巴集团在股东关系的构建过程中，是一个很好的建制者，在公司治理层面，这是一家制度健全的企业。

通过保持股东关系的透明度，这是阿里巴巴股东治理有一个明确的制度体系，阿里巴巴通过定期发布详细的财务报告，确保股东能够及时了解公司的财务状况和经营成果。这种透明度增强了股东对公司的信任感。此外，阿里巴巴还定期举行投资者沟通会议，管理层会详细解释公司的业务进展、面临的挑战及未来发展战略，使股东能够全面掌握公司的动态。

由于企业为数字智能化组织，股东能够在数字平台上看到更加时的数据，这对于投资股东来说，能够了解重大决策和走向，这种透明度的提升对投资者而言具有重要意义。数字平台提供的及时数据使股东能够迅速了解企业的运营状况和财务表现。传统的信息传递方式可能存在延迟，而数字平台则能实时更新数据，确保股东获取的信息是最新、最准确的。数字平台还增强了股东与企业之间的互动性，股东可以直接向企业提问或提出建议，这种双向沟通有助于提升股东的参与感和满意度。

阿里巴巴设立了股东大会，这是股东直接参与公司决策的重要平台。通过股东大会，股东不仅可以表达意见和建议，还能投票决定重大事项。这种方式增强了股东的归属感，他们觉得自己是公司决策的一部分。报告未来规划能够让股东看到公司的长远发展蓝图，增强他们对公司的信心。这种透明化的做法不仅提升了信息的对称性，还有效降低了信息不对称带来的风险。

阿里巴巴通过精心设计的股权结构，实现了股东权益的明确分配，并有效降低了潜在的利益冲突。这种设计的核心在于合理划分不同股东的持股比例和决策权，确保每位股东的权益与其投入相匹配。大股东和小股东都能清晰了解自己在公司中的地位和权益，从而减少了因权益不明确而产生的纠纷。此外，这种结构还有助于吸引外部投资，因为投资者能够更清楚地看到自己的投资回报预期。

阿里巴巴企业注重长期股东回报，这主要体现在两个方面：稳定的股息政策和股票回购计划。稳定的股息政策意味着公司定期向股东支付一定比例的利润作为股息。这种政策传递了公司对盈利能力和现金流状况的信心，同时也为股东提供了稳定的收入来源。阿里巴巴通过持续支付股息，增强了股东的信任感，也体现了公司对股东价值的重视。

股票回购计划则是公司利用自有资金在公开市场上买回自家股票。这样做可以减少市场上的流通股份，从而提升每股收益，对股价产生积极影响。此外，回购也显示了公司对自身价值的信心，以及对未来发展的乐观态度。阿里巴巴通过回购股票，不仅提升了股东手中的股权价值，还向市场传递了积极的信号。

以上是上市公司维护良好股东关系的一般作为，接下来，我们会谈及成长型公司的股东关系维护。

企业进行股权布局时需要考虑到控制权、股东利益平衡、长期发展以及回报方式等因素，并根据公司实际情况进行合理的分配。一家企业想要不断进行融资，需要考虑合理的股权布局，在获得 C 轮融资之前，需要在股权方面做一些特殊设计，让新的战略投资者能够进得来，获得想要的股权份额。

维护好良好的股东关系的前提，需要保护企业团队的决策权，在公司治理层面，企业创始人需要保持长期控制权。当企业融资需求较大时，投资人通常会要求拥有相应的决策和控制权，以确保资金的安全和收益的最大化。企业可以通过优化股权结构，保持公司核心的控制权，让投资人参与公司经营决策、管理事务。除非出现特殊情况，否则，股权投资者也需要尊重创始人对于组织的控制权。

企业管理团队，从创业开始，就需要注重控制权和股东利益平衡。在股权布局中，企业需要关注股东之间的利益平衡，防止因为股权过于集中而导致出现财务风险或者权益争夺等问题。如果需要吸纳多个投资人，则需要考虑如何维护各方的利益平衡。在做股权设计的时候，需要思考企业的长期发展。企业在考虑股权布局时，需要着眼企业的长期发展，不仅仅是眼前的融资需求。适当开放股权并吸纳新的股东可以为企业带来更多机会和资源，推动企业长期健康、稳定地发展。

对于中途退出的股东，如早期风险投资进入的投资者，需要安排回报方式。企业在融资时可以通过分红、增值、股票回购等多种方式回报投资人，让股东获得满意的收益。在股权布局时需要考虑不同的股东类型和股东利益，合理安排回报方式。

不管是上市企业还是成长型企业，维护好股东关系是企业正常运营的关系基础。企业与股东之间建立并保持积极、透明的沟通与互动，以确保股东利益得到充分保障，进而增强股东信心和支持。维护好关系，需要遵守一些基本的原则，在这一点上，大小公司都是一样的。定期发布财务报告和经营状况，确保信息对称。设立有效的沟通渠道，及时回应股东关切。制定符合股东期望的战略目标，确保双方利益一致。提供合理的股息分红和股价增值机会。邀请股东参与重大决策，增强归属感。其实一切都没有秘密，理解人性趋利避害的心理，加上坦诚的态度，为股东竭尽所能追求更多的回报，就可以了。

2. 股东本质思考及策略指引

●加强与股东的沟通与交流，及时反馈企业信息

巴菲特股东大会，正式名称为伯克希尔·哈撒韦年度股东大会，是全球投资者瞩目的盛事。这场大会每年在巴菲特的故乡——美国内布拉斯加州的奥马哈市举行，吸引着数以万计的投资者和媒体前来参加。

巴菲特是伯克希尔·哈撒韦公司的董事长兼首席执行官，这是一个重要的角色，意味着他负责公司的整体战略方向和运营决策。他因独特的投资理念和长期投资策略而广受赞誉，这种策略强调价值投资，即寻找并投资于被低估的优质资产，并持有这些资产很长时间，以获取稳定的回报。

在伯克希尔·哈撒韦公司的年度股东大会上，巴菲特会与他的长期搭档查理·芒格一同出席。查理·芒格是一位杰出的投资家，他已于近年去世，但在世时与巴菲特共同塑造了公司的投资哲学。在股东大会上，他们会讨论公司的业绩、分享投资策略，并对经济前景进行展望。此外，他们还会回答股东提出的各种问题，这种开放和透明的沟通方式赢得了股东的广泛尊重和信任。

笔者举这个案例，只是说明巴菲特在主管公司的过程中，在股东的沟通和交流领域，以这样的方式达到一个股东沟通的模式，并且将全球投资者聚合到一起，达成面向现实和未来的共识，这种共识型的沟通模式，值

得一些中国企业进行模式的移植。

对于战略投资者和企业的战略管理者，对话是企业管理的主导形式，企业经营一天，就要对话一天，在对话中建立关系，在对话中实现共识，这是经营的基本功。智和岛在进行战略咨询和投资活动中，所倡导的行为就是展开多层次的对话，如有可能，就一直对话下去，相信很多经营的奇迹就在对话中。

战略投资者为企业提供资金支持，并期望获得相应的回报。他们关注企业的长期发展，因此需要与企业战略管理者保持密切沟通，确保投资策略与企业目标一致。企业战略管理者则负责制定和实施企业战略，他们通过与战略投资者的对话，可以更好地理解投资者的期望和要求，从而调整和完善战略计划。这种对话是持续不断的，因为企业经营环境在不断变化，需要随时调整策略。通过对话，双方能够及时发现问题，共同寻找解决方案，确保企业稳健发展。

对于成长型企业来说，尊重大小股东利益的方式，就是通过坦诚对话，让股东理解企业管理团队的经营行为和战略规划，同时也能够从一些战略投资者那里获得重要的反馈。从了解到理解，再到参与式共进，是一个沟通见成效的过程，尤其是在一些需要进行连续融资的企业项目中，维护好股东关系事关企业未来的发展。保持沟通渠道畅通，增强股东信任，提升公司形象，促进长期投资，这就是沟通的重要性。

●尊重股东权益，保障股东利益

股东权益保障确实是公司治理的核心议题。简单来说，就是在公司运营过程中，必须重视并保护股东的利益。股东作为公司的出资人，享有公司收益和决策的权利。保障股东权益意味着公司要透明公正地运营，确保股东的知情权、参与权和收益权得到充分尊重。

董事会、总经理和监事会在这一过程中扮演着关键角色。董事会负责制定公司战略，需要考虑股东的长期利益；总经理则负责执行这些战略，要以实现股东利益最大化为目标；监事会则起到监督作用，确保公司运营合法合规，防止损害股东权益的行为发生。这三者共同构成了公司治理的框架，各自承担着不同的责任，共同保障股东的合法权益。这就是为什么说保障股东权益是公司治理机构的重要责任。

保障股东权益，需要设定透明的公司治理结构，不要做人为的黑箱。公司定期发布财务报告，并在年报中详细披露公司的经营状况、战略规划以及财务表现。这种透明度帮助股东更好地理解公司的运营和价值。在很多的企业管理现实中，出现了常见的弊病就是"大股东吃小股东"，我们不妨逆向观察这些大股东是如何做的，在正规化的公司治理中，要避开这样的行为。

在企业中，大股东利用其持股比例较高的优势，拥有更多的决策权和影响力，钻公司法的空子，损害小股东的利益。法律层都是有空子可以钻的，这里为什么就要强调公司治理价值观的问题，经营者的基本道德需要前置，尤其是那些做大事业的人，摆不平利益关系，飞起来也会摔下去。

大股东通过关联交易或不公平的交易方式，将公司资产或利润转移到自己或关联方手中。由于大股东在股东大会和董事会中占据主导地位，能够单方面做出有利于自己的决策，而不考虑小股东的利益。同时，大股东掌握更多公司内部信息，可能利用这些信息进行内幕交易或误导小股东。公司制度其实根本就限制不了心术不正的控局者，尊重股东利益的本质是自我克制和服务客户。结果就是小股东的投资回报受到影响，甚至本金也可能受损，大规模的股灾频繁发生，不公平的治理结构会影响公司的长期发展和社会信任度，连累证券市场的名声。

在约束力受限的情况下，权益保护制度依赖于执行者的诚信和道德水平，若控局者意图操纵或违背制度，制度本身难以完全防止。因此，在本书中，笔者再次给出忠告，公司组织最大的风险，还是人的风险。

●寻求股东支持，共同推动企业发展

获得股东支持的关键在于尊重并满足他们的利益诉求，同时实现他们的期望和使命。这要求企业不仅要关注自身的盈利，还要确保股东的投资回报和长期价值增长。

战略投资者通常具有长远眼光和资源整合能力，他们视投资为企业与自身共同成长的机会。因此，企业应积极与战略投资者沟通，明确双方的共同目标，并通过有效合作助力战略投资者实现其事业抱负。企业也应当成为帮助战略投资者达成成就的平台。这意味着提供良好的经营环境、透明的决策机制和稳健的发展策略，让战略投资者能够在企业的成功中分享到应有的回报。

接着前文的表述，管理层在决策时优先考虑股东的权益。然而，这一原则的实施需要管理层的自我克制，即避免滥用权力为个人牟取私利。同时，服务客户也是实现股东利益的重要途径，因为只有持续满足客户需求，企业才能保持竞争力，从而创造更多价值回馈股东。总结为一句话就是：对客户好，就是对员工好，也是对股东好。

企业运营中的一个良性循环，其实建立在竞争力和盈利能力上，企业提供优质的产品和服务，满足客户需求。满意的客户会带来更多的业务和口碑宣传，从而为企业创造更大的价值，这是企业的基础能力。

同时，企业提供良好的工作环境、合理的薪酬和福利以及职业发展机会。对企业满意的员工会更有工作热情和效率，能更好地服务客户，推动企业业绩提升。

股东的利益建立在企业的基础能力和企业的组织能力基础上，让企业资产成为优质资产，拥有很高的流通价值，这就是股东的所求，企业的良好业绩和持续增长会提升股东的投资回报。而客户的满意度和员工的忠诚度是企业业绩的重要保障。这是得到股东支持的基本方式，企业经营者是要靠行动说话的，没有业绩，也给不出高潜力发展机会，那就不是合格的经营者。

第二十四章　IPO 筹备，完美冲刺

1. 核心战略行动：做好 IPO 准备工作

IPO 并不是一个简单的过程，企业往往需要经历一个"管理阵痛期"，而其中的核心问题，便是企业的组织机制是否完善，管理结构是否健全。在上市之前，企业需要做大量的准备工作。

对于上市的好处，我们可以做一些简单的罗列，企业通过 IPO，可以获取更多的资金，扩大市场份额、增强企业知名度，同时也能吸引更多的优秀人才和战略资源。尤其对于创新型企业来说，IPO 为其后续的研发与市场扩展提供了充足的资金支持。

战略管理者需要思考的是上市过程中和之后企业管理和组织变革的问题。企业在进入资本市场时，会遇到复杂的监管环境和公开透明的合规要求，经营数据、财务状况等信息需要在更高标准下披露，股东利益需要得到充分保护。因此，企业 IPO 时常常伴随管理阵痛期，尤其是在那些早期组织机制和管理制度较为混乱的公司中，这一现象尤为明显。

很多人认为上市是关于财务规则的一套组合拳。事实上，IPO 是整个公司治理层面的变革，前文我们已经讲过，企业在成长期就按照一个股份制公司的正确治理去运营，在上市的过程中，就会顺利很多。管理阵痛期的核心源于企业内部的管理机制、组织架构和文化不适应外部合规要求。

在国内，基于策划型的上市，也就是突击上市的公司，往往在早期缺乏有效的内控机制与财务管理系统，导致在进入上市流程后需要快速进行调整，产生较高的成本，并可能引发内部矛盾。尤其是在追求短期财务指标和长期发展目标间，如何平衡各方利益、实现稳定增长是企业管理层面临的严峻考验。

对于如何进行公司治理改革，组织机制和合规经营是重要环节，上市之后，外来的机构投资者和散户将真金白银投给企业，这不是儿戏，需要有完整的资金使用机制和追责机制。组织机制是企业运行的基石，决定了企业的运营效率、管理灵活性和内部协调性。一个完善的组织机制，能确保企业在面临市场波动和监管要求时，保持稳定性和适应能力。而对于上市公司来说，组织机制的完善显得尤为重要。

第一，企业要保证财务合规与透明性。上市公司需要对财务信息进行定期披露，以满足监管机构和投资者的透明性要求。一个完善的财务管理制度能够确保财务数据的准确性和及时性，减少财务舞弊的风险，并保障公司资金流动的规范性。

第二，企业要做好风险控制与内部审计。内部控制机制是确保公司风险得到有效管理的关键。上市公司需要面对来自市场、法律、财务等多方面的风险，因此，建立健全内控机制和内部审计制度，能够及时发现和化解潜在的经营风险，保障股东利益。

第三，企业需要做好治理结构，有纠错机制，做到决策透明。上市公司的治理结构需要满足外部的合规要求，同时也需要为股东提供充分的参与权和知情权。一个合理的治理结构可以防止权力集中、利益冲突等问题的发生，保障公司决策过程的透明性和公正性。

第四，企业需要做到合规运营，将合规贯穿到每一个商业行为中，形成自觉的合规文化。企业文化是公司治理的一部分，合规意识的培养对于上市公司尤为重要。公司高层管理者和普通员工均应具备法律合规意识，自觉遵守相关的法律法规，形成企业内部的合规文化，避免因违法违规行为导致的监管处罚和声誉损失。

以上四项工作，都需要专业的财务和管理咨询公司和企业一起来完成整改。企业在C轮融资后计划上市，需遵循证监会的严格规定。这些规定旨在保护投资者利益，确保市场公平透明。企业需选择经验丰富的承销商协助发行股票，并聘请专业律师处理法律事务，确保合规操作。主要是针对前文的四点进行系统性的调整和变革，大体如下：企业应在IPO前进行组织架构的适当调整，逐步引入合规部门、风控部门等职能部门，并在内部明确部门职责和权限，以确保IPO后组织架构能够快速适应新环境。面对财务与经营数据披露压力，企业应在上市前建立完善的财务管理制度，并加强内部审计，确保财务数据的真实性和合规性。引入专业的财务团队和外部审计机构，能够帮助企业及时发现和纠正财务上的不合规行为。

对于上市的招股书的表述，需要有足够优质的战略发展框架，让监管部门觉得这是一家有能力"为人民理财"的公司。企业应在制定财务策略时兼顾短期财务回报与长期发展，建立合理的业绩考核体系，并加强投资者关系管理，通过沟通使投资者了解企业的长期发展规划，避免因短期财务表现不佳而产生过度负面影响。同时，企业需要协调好员工和股东之间的利益冲突关系，在过去的上市模式中，暴富和老样子往往就是在上市过程中产生的，既然是上市企业，就需要在一定程度上兼顾所有利益关系人的利益。这不是强制要求，但也反映了企业的发展价值观。企业应通过合理的激励机制平衡股东和员工的利益。通过股票期权、长期激励计划等方式，让员工与股东分享企业成长带来的收益，从而调动员工的积极性，增强内部的凝聚力。

企业上市进程复杂且耗时，涉及多方面准备，如财务审计、信息披露、治理结构优化等。企业需全面评估自身状况，制订详细的上市计划，并做好应对各种突发情况的准备。一般情况下，企业在 C 轮融资后上市需谨慎操作，充分准备，并依赖专业团队的支持。股票承销商和律师的作用至关重要。承销商协助企业发行股票，筹集资金；律师则确保企业遵守法律法规，防范法律风险。选择具备专业素养的团队，能提高上市成功率，降低潜在风险。

2. 上市和战略发展思考及策略指引

●选择合适的上市时机和地点

企业上市的过程是一个无数数据飞来绕去和无数文件得以过关的过程。选择合适的上市时机和地点确实是企业上市成功的关键因素之一。中国人讲"天时地利人和"，对于企业上市这件事，就显得十分贴切了。

企业需密切关注宏观经济环境和资本市场的走势。在市场繁荣、投资者信心高涨时上市，更易获得较高的估值和融资额，这就是经济周期的"天时"，比如说，在近一个时期，某交易平台的上市企业的破发率达到了 57%，也就是说，意味着该平台上有超过半数的上市公司股票价格跌破了发行价。

找原因，大概有几种情况，整体股市下跌或经济形势严峻，可能导致新股表现不理想。企业经营状况不佳、行业前景不明朗等也会影响投资者的信心。投资者的恐慌情绪或短期投机行为也可能导致股价跌破发行价。

关于"人和"因素，企业应选择在业务稳定、盈利能力较强时上市，以展现良好的发展前景。上市的目的就是融资促进企业的战略发展和扩张，应该在最不缺钱的时候上市，当然，这样具备反周期思维和实力的上市企业比较少，这只是理想状态。相反，市场比较乐观，经济形势好时，投资者信心增强，资金流动性高，更愿意投资新上市的公司。资本市场活跃意味着新股发行容易获得投资者的广泛关注和积极认购，从而缩短融资周期。在经济繁荣期，同行业上市公司的股价通常较高，为新上市公司提供了更高的估值参考。投资者在乐观的市场氛围中更倾向于给予公司更高的估值，因为他们预期未来业绩会有良好表现。因此，选择有利的市场时机上市，对于企业而言是一次难得的机遇。

不同国家和地区的监管要求确实存在差异，这主要缘于各地的法律体系、市场环境和经济政策不同。企业在选择上市地点时，必须充分考虑这些差异。监管适度意味着企业需要找到一个既不过于严苛也不过于宽松的监管环境。过于严苛的监管可能会增加企业的合规成本，而过于宽松则可能无法保障投资者的利益。

监管适度是指在企业运营过程中，政府或监管机构对其实施的监管力度需恰到好处。这一平衡至关重要，因为它直接影响到企业的合规成本以及投资者的利益保障。监管适度旨在找到一个平衡点，既能确保企业合规运营，又能充分保障投资者的合法权益。这样的监管环境既有助于企业的健康发展，也能维护市场的稳定和公平。

举例来说，美股市场以其较高的上市门槛著称，这意味着企业必须达到更为严格的规范与标准才能成功上市。实际上是对企业自律性的高度要求。上市后，企业需严格遵守市场法规，维持透明度和公正性，否则将面临严重的后果。

美股市场对违规行为的处罚力度极大；一旦企业犯规，可能会遭受巨额罚款、声誉损失，甚至被强制退市。这种"痛不欲生的重罚"机制，旨在维护市场的公平与秩序，保护投资者的利益。因此，美股上市企业需时刻保持高度自律，严格遵守市场规则，以避免因违规行为而遭受重大损失。这种自律与惩罚机制共同构成了美股市场的稳健运行基础。

了解各地投资者的偏好和投资习惯，对于选择更可能认可公司业务的地区至关重要。不同地区的投资者因文化背景、经济发展水平、市场成熟度和风险承受能力等因素，会展现出独特的投资偏好。例如，发达国家的投资者可能更注重长期稳健的投资回报，而发展中国家的投资者可能更倾向于追求高增长潜力。此外，某些地区的投资者可能对特定行业或技术有浓厚兴趣，形成投资热点。因此，公司若能深入了解并分析各地投资者的这些特点，就能更精准地选择那些对公司业务模式和产品有较高接受度和认可度的地区进行重点推广和投资。这样不仅能提高资金筹集的效率，还能更好地拓展市场，实现可持续发展。

不同国家和地区的交易所在审批流程、所需时间和透明度上各有不同。例如，纳斯达克交易所因其透明高效的审批制度闻名。透明高效意味着公司申请上市时，交易所会迅速公开地审核其资料，确保过程公正且信息公开，这样公司和投资者都能清楚了解进展。这样的制度有助于吸引更多优质公司，并保护投资者利益。

高效的审批意味着企业能更快完成上市手续，从而迅速进入资本市场筹集资金，支持其发展战略和扩张计划。

相比之下，一些新兴市场的审批时间较长且透明度较低。时间长可能是因为审核流程烦琐或资源有限。透明度低则可能隐藏了审批过程中的细节，增加了不确定性，可能导致投资者对公司真实情况了解不足。

这两者的差异影响了公司和投资者的选择。纳斯达克的制度更受青睐，因为它提供了更明确和可预测的上市路径，而新兴市场的不确定性可能让一些公司和投资者望而却步。

企业在选择上市地点时，应根据自身的财务状况、业务模式和发展战略，综合考虑各地的监管要求和审批效率，选择最适合自己的上市地点。

●聘请专业的中介机构，确保上市顺利进行

企业在 C 轮融资之后计划上市，需要按照证监会严格的规定进行操作，并选择具备专业素养的承销商和律师。这些规定旨在保护投资者的利益，确保市场公平透明。企业必须满足一系列财务、治理和信息披露要求。整个上市进程需要长时间的准备和实施，需要全面考虑各种因素并做好充分的准备。这些中介机构和顾问公司，能够帮助企业对于企业合规进行一次体检，避免走弯路。

这些中介机构包括股票承销商（券商），承销商是企业 IPO 过程中的重要合作伙伴，主要负责股票的发行和销售。他们评估市场需求，制定合理的发行价格和策略，向潜在投资者推销股票，确保发行顺利进行，也处理募集资金，确保资金的安全和有效使用。

同时，上市企业也可以聘请专业的律师团队，大部分企业都一起让券商负责，律师在企业上市过程中主要负责法律事务，确保所有操作合法合规。实务包括审查和准备所有法律文件，确保其符合相关法律法规；提供法律意见，确保企业在上市过程中遵守所有法律程序和要求。同时，识别和规避潜在的法律风险，保护企业的合法权益。

上市是一个理性的过程，当企业的财务状况还未达到理想状态时，投资机构可能会选择进行战略投资，帮助企业提升。这种投资中常存在对赌协议，即双方对企业未来的业绩或某些条件进行约定。若企业未能达到这些条件，可能会面临不利后果。企业需明确自己是凭借真实能力吸引投资，还是依赖外部团队高价抬轿。前者更利于企业的长期稳定发展，后者可能导致企业未来面临更大的风险和不确定性。国内某知名餐饮企业就是因为上市失败，和投资机构对赌，因而失去了对于企业控制权。

上市进程往往漫长且复杂，这主要因为涉及多个关键环节的准备。首先是财务审计，确保企业财务状况的真实性和透明度；其次是法律尽职调

查，以明确企业的法律责任和合规性；最后是招股说明书的编写，它详尽地介绍了企业的经营状况、前景及风险。在这个过程中，企业需要全面考虑多个因素。市场状况会影响股票的发行价格和投资者的信心；自身实力决定了企业是否具备持续发展的潜力；而竞争对手的情况则可能影响投资者的决策和市场定位。因此，制订详细计划至关重要。这样不仅可以确保每个环节都得到妥善处理，还能帮助企业预测并应对可能出现的问题，从而增加成功上市的可能性。

在一切想定之后，企业需要根据自己的业务类型，准备招股说明书。企业需要编制详细的招股说明书（IPO），向证监会提交申请。在招股说明书中，企业需要对其财务、经营、管理状况等做出详细披露。将企业准备好的必须公开的经营情况和财务数据，遵循有关规定进行提交，企业必须遵守证监会的有关规定，按时向监管部门提交申报材料及其他文件，进行信息披露等相关工作。此外，企业还需与监管机构密切沟通，及时反馈并处理可能出现的问题。上市是企业发展的重大里程碑，需谨慎对待，确保万无一失。

企业在借助中介机构如律师事务所、会计师事务所等，提供专业服务，帮助企业满足上市要求，降低风险。中介机构通过其专业知识和经验，优化上市流程，提高效率。在上市过程中可能遇到的各种问题，中介机构都能提供及时的解决方案。

一切监管门槛都过了之后，企业公开发行股票，企业需要在承销商的协助下，公开发行股票，以筹集所需资金。在此期间，企业需要与投资者沟通，促进股票交易市场的健康发展。

●加强企业内部管理，提升企业形象

企业在上市后，确实需要进行战略思维的转变。这一转变的核心在于，企业要从单纯的产品经营者，扩展为资本运作者。这意味着，除了关注产品的生产和销售，企业还需要高度关注资本的运作和投资。

企业在资本运作中，会制定精心设计的资产组合，以实现资产的最优配置。这样的组合通常涵盖现金、股票、债券等多种资产形式。现金是企业的流动性储备，能应对短期需求；股票代表企业的所有权，可能带来较高的长期回报，但也伴随市场风险；债券则提供稳定的利息收入，风险相对较低。通过合理配置这些资产，企业旨在达到两个核心目标：一是提高资金的使用效率，确保资金在各类资产间得到有效利用，避免闲置；二是追求收益最大化，即在控制风险的前提下，通过多元化的投资组合获取更高的回报。这种策略有助于企业在复杂多变的市场环境中保持稳健发展，实现长期价值创造。

这些都是上市后的内部管理方案的组合。企业在上市开始时，企业的股票价格可能没有达到理想价位，为此，企业需要一系列的经营活动和价值增值活动来证明自己的企业。

一个典型的例子是比亚迪。比亚迪最初上市时，由于市场对其新能源业务前景存疑，股票价格并不理想。然而，随着全球对新能源汽车需求的激增，比亚迪凭借其强大的研发能力和技术创新，逐渐在新能源汽车市场占据重要地位。花了近20年的时间，比亚迪不仅在电池技术上持续领先，还推出了多款受欢迎的电动汽车车型，满足了市场对绿色、环保出行的需求。此外，公司还积极拓展电池回收和储能业务，形成了完整的新能源产业链。

这些举措极大地提升了比亚迪的市场竞争力和品牌影响力，使其股票价格逐渐攀升，市值也大幅增长。如今，比亚迪已成为全球新能源汽车领域的领军企业之一，其股票价格和市值均实现了显著增长，充分展现了其良好的发展潜力和市场前景。

公司的潜力都是慢慢释放出来的，对于企业发展战略的坚持，对于全球竞争力的坚持，这些都需要企业通过内部战略管理来解决问题。事实也是如此，上市公司有很多，一些缺少战略发展的边缘上市企业，其实并没有利用好上市之后的好环境，那么上市对于这些企业的价值也就不大了。

上市之后，企业需要积极维护自己的企业形象，进行科学有效的市值管理，即通过基础能力的培养来维护市值。同时，企业会积极参与投融资工作。投资方面，企业可能会寻找有潜力的项目或公司进行投资，以期获得丰厚的回报；融资方面，企业则会利用上市后的资本平台，通过发行新股、债券等方式筹集资金，用于扩大生产、研发新产品或进行其他有利于企业发展的活动。

因此，加强企业内部管理与提升企业形象是相辅相成的。通过有效的内部管理，企业能够实现高效运营，进而提升其在公众心目中的形象和地位。

后 记

本书在写作过程中,许多企业面临着战略转型。如何去转,只有一招,那就是紧贴客户,抓住客户,围绕着客户多做一些事。

本书内容是笔者和客户持续对话的产物。编辑问我,为什么不上大篇幅的案例分析?我的回答是,在企业方生方死的时代里,我们能够分析谁呢?多说干货和观点,多说结论,多给战略思考,让这本书能够成为一本常翻常新的书,不希望是时效性很强的书,希望是常销书。如果举案例,就希望是未来一二十年还能够继续挺立的公司,这是笔者选择案例的一个原则。

《战略24条法则》说的都是战略原则。企业战略管理者在复杂多变的市场环境中,需具备识别机会、威胁与风险的能力。这种能力意味着他们能够敏锐地捕捉到市场变化、竞争对手动作等关键商业信息。机会识别让他们能发现潜在的盈利点,威胁识别则帮助他们预判可能的损失,而风险识别则使他们在决策时能权衡利弊。

笔者觉得既然是"法则",那就以一种瞬息万变的动态战略来应对市场。敏锐的市场感知是这一能力的基础,它要求战略管理者时刻关注市场动态,分析竞争对手的策略,从而预测未来趋势。最后,感谢在本书写作中给笔者帮助的对话者和启发者,创作的过程就是学习的过程,对话打通了很多原来没有理解透彻的事情，让笔者明白学习永远在路上的道理。

刘泰玲　胡华成

2024 年 11 月 25 日